新中国超级工程·引人注目的文化振兴

强盛国力的标志性符号

　尽显新中国的时代风采

新中国超级工程

引人注目的
文化振兴

《新中国超级工程》编委会 编

研究出版社

图书在版编目（CIP）数据

引人注目的文化振兴／《新中国超级工程》编委会编.
— 北京：研究出版社，2013.7（2021.8重印）
（新中国超级工程）
ISBN 978-7-80168-828-6

Ⅰ.①引…

Ⅱ.①新…

Ⅲ.①社会主义－文化事业－建设－成就－中国

Ⅳ.①G12

中国版本图书馆CIP数据核字（2013）第158135号

责任编辑：曾　立　　责任校对：张　璐

出版发行：研究出版社
　　　　　地　址：北京1723信箱（100017）
　　　　　电　话：010-64042001
　　　　　网址：www.yjcbs.com　E-mail：yjcbsfxb@126.com
经　　销：新华书店
印　　刷：北京一鑫印务有限公司
版　　次：2013年9月第1版　2021年8月第2次印刷
规　　格：710毫米×990毫米　1/16
印　　张：14
字　　数：190千字
书　　号：ISBN 978-7-80168-828-6
定　　价：38.00 元

前 言
FOREWORD

在社会发展的不同时期，都会产生代表性的伟大工程，比如长城、都江堰、京杭大运河，这些工程都是时代的产物，在当时发挥了举足轻重的作用，对后世也往往有着深远的影响，成了那个时代的标志性符号。

今天的中国，正处在有史以来最大规模的建设时代，随着经济和社会的飞速发展，加之自然和历史的多重原因，产生了许多亟待解决的重大问题，如民生、环境、能源、发展等等。这些问题必须借助一些超常规的工程，才能得以改善和解决，而强盛的国力和日益发展的科技水平，最终让这些超级工程得以实施。

这些超级工程与时代紧密相连，反映着时代的国情与现状，代表着当时的科技和经济水平，通过了解这些超级工程，可以了解国家的发展历程，可以知道国家的基本行为，国家曾经做过什么，正在做着什么，即将要做什么。《新中国超级工程》即从尖端科技、文化振兴、国际合作、世界第一、中国奇迹五个方面选取典型，高度聚焦，深入解读，集中展现了新中国超级工程的磅礴能量，展示新中国的活力和创造力。

作为国家的一分子，每个人都有必要了解国家行为，对整个国家、社会乃至世界有所了解和认识，拥有开阔的视野和眼界，才能更好地准确定位自己，把握机遇。本丛书在科技、交通、能源、水利、建筑、工业、教育、文化等各个领域，选取新中国最具代表性的工程，这些工程或具有国家战略意义，关乎国计民生，或在体量规模上空前超大，或在科技水准和建造水平上走在世界前列，集中展示了新中国在各方面的突出行为和成就。

当今世界，各国之间文化交往日益密切频繁，文化影响力成为国家软实力的一个重要指标，振兴和传播本国文化甚至成为国家战略和政府行为。本书——《引人注目的文化振兴》在文字改革、词典编纂、古籍保护、艺术交流、教育促进、文化遗产保护和传承等方面，精选了新中国最具有代表性的二十个文化建设工程，进行深入解读，带领读者了解我国在文化建设方面所做的努力，所取得的可喜成就，认识祖国文化发展的延续性和迫切性，增加对民族文化的自信心、自豪感以及使命感。

"风声雨声读书声，声声入耳；家事国事天下事，事事关心。"中国人民自古就有心系天下，忧国忧民的传统。处在竞争如此激烈的现代社会，我们更有必要了解国家行为，知道祖国和世界每天都在发生着什么。这不仅仅是关心国家，更关乎我们的视野，我们的生存和机遇。相信读者通过书中的一个个超级工程，可以了解新中国的过去、现在和未来，从中得到一些见识、感悟和启示，获得一些希望、勇气和力量。

目 录
CONTENTS

汉字简化方案
——新时代的"文字革命"

汉语拼音方案
——实现语言的国际接轨

皇皇巨著《辞海》
——中国最大的综合性辞典

中华古籍保护计划
——对历史负责，对未来负责

国家大剧院
——让艺术走近每一个人

《中华大典》
——开创全面整理中国古典文学遗产的壮举

"211"和"985"工程
——国家高等教育重点建设工程

夏商周断代工程
——确立中国古代文明的科学依据

农村文化普及工程
——构建社会主义新农村

北京故宫百年大修
——以古复古，重现盛世华彩

中国民族民间文化保护工程
——留住百姓生活的智慧

琴台文化艺术中心
——打造现代一流的文化展示平台

孔子学院
——阐释中国哲学，传播中国文化

非物质文化遗产保护
——弘扬民族艺术，延续中华文脉

丝绸之路复兴计划
——一头连着历史，一头连着未来

北京奥运会开幕式
——精彩绝伦的文化盛宴

古生物化石科学考察
——保护不可再生的自然遗产

国家文化创新工程
——繁荣文化的必由之路

汉字简化方案
——新时代的"文字革命"

文字——人类最重要的语言辅助工具

语言是人类最重要的交际工具，文字则是语言的书写符号，是人类最重要的语言辅助工具。理想的工具，人们要求它具有高效率的特点。高效率，一般说来表现在两个方面：一是速度快，在单位时间内完成的工作多且好；二是成本低，省力、省时，自然也会省财物。因而，人们既要文字"简"——结构简单，笔画少，写起来快而省力；又要文字"明"——能很好地表达语言，字与字之间分辨率高，不会表意混淆，妨碍交际。正是这两方面的要求，造成了汉字四五千年的发展历史上的不断简化（文字简易，好学、好写、好记）和繁化（文字明确，分辨率强）的现象。

繁难文字改革

由于汉字历史悠久，使用的地域广阔、人口众多，用它记载的典籍数量多、时间跨度大，再加上刊刻、排校方面的原因，使得汉字发展到现代显得十分庞杂：总的字数太多，异体字太多，一些字笔画太多，使人感到难学、难认、难写、难用。20世纪前半期，不少仁人志士认为，是汉字拖累了国家的文化教育事业，拖累了科学技术的发展，以至于影响了经济发展和国家的强盛。他们立志要对汉字进行革命，搞拼音文字改革。

这些前辈们的动机是毋庸置疑的，他们是爱国者，是革命者。但是，他们只是看到问题的一个方面。19世纪40年代以后，我国倍受帝国主义列强欺凌和掠夺，帝国主义、官僚资本主义和封建主义这三座大山压得广大民众喘不过气来。国力积弱，经济落后，文化教育事业难以发展。人民在水深火热之中挣扎，苟延性命尚不能够，哪可能去识字学习，提高科学技术？

直到新中国建立前夕，我国的文盲数量惊人，这就说明了一个道理：进行政治革命，强化经济基础，才是发展文化教育，发展科技，解决识字用字问题的关键。不考虑政治、经济的根本问题，只是责怪文字阻碍了社会的前进，只能是本末倒置。当然，毋庸讳言，文字作为一种辅助语言的重要工具，有优劣之分、难易之别，有整理、改进甚至改革的必要。文字对文化教育、科技进步甚至经济发展也具有一定的影响，但这与经济基础和上层建筑方面的革命或改革是不可相提并论的。

汉字的繁难问题确实是突出的，字数多、异体多、笔画多，结构复杂，易生讹变。这给对汉字的学习、书写、使用以及汉字机械化、信息化都会带来一些不良影响。自然，汉字的这些问题不是现代才有，而是在它的发展史上伴随其不断的演变、改进而陆续产生的。我国历代政府也对汉字做过一些整理、统一工作。

然而，流传几千年的文字和读写习惯，说改就改，谈何容易？1922年，在国语统一筹备会第四次大会上，"五四"新文化运动的代表人物钱玄同曾表示，汉字笔画太多，书写费时，是一种不适用的符号，为学术上、教育上之大障碍……改用拼音是治本的办法，减省现行汉字的笔画是治标的办法。那治本的事业，我们当然应该竭力去进行，但现行汉字在学术上、教育上的作梗，已经到了火烧眉毛的地步，不可不亟图补救的方法。决不能等拼音的新文字成功了才来改革，所以治标的办法实是目前最切要的办法。1950年7月，吴玉章（革命家、教育家）在全国文字改革协会干部会议上传达了毛泽东主席的指示：文字改革应首先办"简体字"，不能脱离实际，割断历史。直到此时，简体字的研究和选定工作才真正开始。

新中国成立后进行的汉字整理和简化工作，规模之大、力度之强、成效之显著，都是以前的任何一次不可比拟的。1952年，在政务院文化教育委员会下成立中国文字改革研究委员会，重点研究汉字简化问题。1953年，毛泽东主席指出："作简体字要多利用草体，找出简化规律，作出基本形体，有规律地进行简化。汉字的数量也必须大大减缩。只有从形体上和数量上同时精简，才算得上简化。"1954年12月，中国文字改革研究委员会改组为中国文字改革委员会，简称文改会，直属于国务院。1955年1月，文改会拟定了《汉字简化方案草案》，1956年1月，《汉字简化方案》由国务院正式公布。为慎重起见，方案中的简化字和简化偏旁，从1956年2月至1959年7月先后分四批推行。1964年5月，文改会编印出《简化字总表》，经过补充、调整，简化字由方案收录的515个增加到2236个。1986年10月，经国务院批准，重新发表《简化字总表》，又对原来总表中的个别字进行了调整，并且一直使用至今。

汉字简化三大原则

20世纪五六十年代，我国进行汉字简化的方针规定为：约定俗成，稳步前进。

约定俗成，就是广大群众在相当长的时期内形成或认定的使用简体字的习惯。现在看来，这条方针基本上是正确的。《汉字简化方案》和总表中的简化字，绝大多数是有约定俗成的基础的，有其稳定性和普遍性。汉字简化使数量可观的常用汉字笔画得到简化，也减少了一定数量的汉字。这次简化基本上是成功的，是受我国大陆的广大群众欢迎的。但是，由于当时推行简化汉字的指导思想存在问题，只是把汉字简化工作当作改革汉字、通向拼音文字的"过渡时期的一种权宜办法"（吴玉章），变成一种短期的行为，对问题想象得过于简单，以为真的能很快实现汉字的拼音化，所以对整理和简化汉字的理论和方法、汉字的学理和系统性、古今贯通、繁简转换、海内外协调、字形的匀称美观等问题缺乏深入细致的科学论证。汉字简化应包括形体和数量两个方面的简化，但也必须看到，简化中会产生字形简与明的矛盾、字量过少与对语言的精确表达的矛盾以及某些简化造成自乱系统的问题。

稳步前进的方针是正确的，但分批推行，隔一两年推行一批，会使文字在一个相当长的时间内，处于不停变动的状态之中。原有系统破坏了，相对稳定的新系统又形成不起来，这必定会给文字的发展和运用带来消极的影响。1977年12月，《第二批汉字简化方案（草案）》发布及推行没过多久，即被通知停止使用以至被废止，正是其存在的问题更为突出所造成的。

经过实践，人们总结出要确定简化字，至少需要考虑以下三条原则：

一、约定俗成。也就是说要确定的简化字在汉字运用的实践中有普遍性和稳定性，有广泛而深厚的群众基础。我国20世纪五六十年代推行的简化字绝大多数都具有约定俗成的特点，很多是民间长期流行的俗字、简体字，所以较容易在群众中推行。而《第二批汉字简化方案（草案）》中的一些字，有的只在个别行业或某个地区使用，普遍性不强，有的为简而简，是少数人新造的，缺乏约定俗成的基础，所以难以在社会上推行。

二、效率原则。前面说过，文字作为一种重要工具，人们会从运用它进行工作的速度和质量两个方面要求它。选定简化字同样有这种要求，既要求所确定的简化字字形是简易的，笔画少，学和写快而省力；同时又要求跟其他字的区别性强，对语言的表达是明确的，认字和用字确切、方便。

三、规律性。毛泽东主席对汉字简化的指示，强调"找出简化规律"，"有规律地进行简化"，这是很重要的。汉字的产生、发展，有自己的规律，创造、变化一般也有一定的理据，发展演变有一定的系统性。当然，理据、系统是相对的，汉字的系统性也是在不断发展的，是动态的。经过简化的汉字系统与原来的繁体字系统就有变化。要求文字的发展变化一点也不去变动旧有系统是不正确的，比如，我们不能以《说文解字》系统约束后来的汉字演变，也不能以繁体字系统限制汉字简化。但是从另一方面说，汉字系统在发展中有传承性，如在原有系统不被打破或较少破坏的条件下一样可以发展到新的系统，还是多一些继承原系统为好。文字的稳定性强，传承性高，有利于文字的运用和对以前文献及传统文化的继承。

"简体字"贴合实际

简化汉字是为了方便人们的日常使用，如果一个简化字方案要通过长期的大力推广才能收效，就得不偿失了。专家们在选定方案时，不但秉持着"约定俗成、稳步前进"的简化汉字方针，而且要照顾到各方面使用文字的人的需求，同时兼顾印刷、打字、电码等各方面技术条件，同时还要不影响青年们阅读古书。

主流文化之外的俗体字成为首选

文字变化牵扯面广，如何简化汉字成为社会各界关心的问题。汉字简化工作开始后，各方面的意见和构想就涌向了文字改革协会。刚刚解放，人们普遍急于改变中国的落后面貌，对于文字工作的构想和方案也颇为大胆。从那时的文献中我们可以看到，当时人们提交给文字改革协会的改造汉字方案五花八门，有的甚至令人啼笑皆非。

有一种方案建议把汉字改造为"新形声字"。例如，把"京"字定为"鲸、景"等字的声旁，类似"京"音的字，都用它作为声旁。如此类推"凉、谅"等字的声旁改为"良"自然很合理，但这样一来 "凉"变成了"浪"，则与"波浪"的"浪"一样了。如果要为"浪、朗、郎"等字再找一个比"良"更合适的声旁，就更难了。

于是，有人又建议把声旁改用字母拼音。但是字母夹杂在汉字内更不容易辨别，字的样子也很难看。如果遇到同音字，意符相同而声符不同的，把声符改用字母拼写，字形上就更无法区别了。如此一来，改得非驴非马，反而会增加识字难度。

另一种建议是把每组同音的字留一个。这样如果不分四声，只需要400多个字。即便分四声，也就是1300多个汉字，把它们用词连写的办法来写。有人实验过，这种音标式的汉字大体也可以看懂。但文字首先作用于视觉，完全改变汉字的用法，违背了习惯，使人读起来非常别扭。

还有一种方案主张"系统类推"，就是要把约定俗成的简化字加以局部修改，有系统地简化汉字。例如"擬、礙、癡"三个字的声符都是"疑"，而"擬"的简体是"拟"，"礙"的简体是"碍"，"癡"的简体是"痴"。假定采用笔画最少的"以"作为声旁"疑"的简体，那么"擬、礙、癡"的简体就是"拟、砬、疨"。虽然这样没有打乱原字的形声系统，认识字的人可以从繁体字类推辨认，但"碍、痴"等简体字在民间已经流传甚广，不管它多么没有系统总是人们熟悉的，如果按照"系统类推"来改反而会感到别扭。

其实，对于汉字的简化人们早已形成了一个"述而不作"（只讲述不创作）的原则。

简体字不是专家们闭门造车的结果。早在宋元时期，平民社会就流传着一种通俗的简体字。这些字被称为"俗体字"，登不了大雅之堂，甚至被许多文人视为鄙俗。但它们在民间应用极广，人们在记账、契约、书信，甚至话本小说里都常常会写俗体字。语言学家、北大教授王理嘉先生表示，那时在老师的眼中，写俗体字是没有文化的表现。

虽然被排斥在主流文化之外，但俗体字的发展已势不可挡。早在20世纪20年代，当人们开始着手简化汉字时，这些已被公认的俗体字成为首选。

1935年8月21日，南京国民政府教育部选定了在民间流传最广的324个俗体字，公布了《第一批简体字表》，并准备从第二年7月起把它们编入小学课本。但这区区324个简体字，却在社会上引起了轩然大波。考试院院长戴季陶尤为愤慨，他强烈要求取消推行简体字，甚至称推行简体字是比亡国灭种还可怕的事。在一干人的反对下，1936年2月，公布还不到半年的《第一批简体字表》被收回了。

虽然，这次由政府出面的简化字运动夭折了，但是它树立的"述而不作"的原则，成为日后人们进行汉字简化的指导思想。

数易其稿

汉字简化的方针虽然拟定了，但《汉字简化方案草案》却前后数易其稿，才最终得以通过。

1952年3月25日，文字改革研究委员会汉字整理组成立，开始着手拟定《常用汉字简化表草案》。专家们采用普遍通行的简体字为主，辅以草书楷化的方法，选定了在群众中比较流行的700个简体字，拟出第一稿。

但毛泽东主席看过后却很不满意，他认为，这700个简体字还不够简。作简体字要多利用草体，找出简化规律，作出基本形体，有规律地进行简化；汉字的数量也必须大大减缩，一个字可以代替好几个字，只有从形体上和数量上同时精简才算得上简化。

根据毛泽东主席的指示，专家们开始大量搜集草书简体字的资料，研究简化规律，对常用字进行简化。同时，精简字数的工作也开始进行。

自古以来，汉字就存在着很多异体字。这些字字义、读音和用法完全一致，只是字形上有些许差别。大量异体字充斥于人们的日常生活中，既浪费又毫无意义，同时也给初学者增加了不少负担。废除那些不必要的异体字，无疑是精简字数最主要的途径。但是，在规范字的选择中，有人倾向于甲，有人倾向于乙，一时间难以统一。为了平稳起见，1953年底，汉字整理组选定了338个流传最广、笔画也比较简单的简体字，拟出了《常用汉字简化表草案》第二稿。

300多个简体字显然不能满足简化汉字的需要，很快第二稿又被中央退了回来。经过研究，专家们认为只能依靠简化偏旁类推的方法来扩大简体字的数量。简化过程中，专家们发现许多根据草书而简化的笔画没有更好的楷书写法，于是索性根据行草的写法把它们收入了简体字表。1954年2月，收录了1634个简体字的第三稿拟出了。

此稿一出，立刻引来多方关注。反映最强烈的是出版印刷部门。50多年前，印刷还是铅字排版，一下子公布1600多个简体字，就意味着印刷厂要改1600多个铜模。加之每个汉字都有各种字号和宋体、仿宋、楷体等各种字体，要改的铜模数量就更多了。当时，全国能刻模坯的工人只有20人，每个工人每天只能刻十几个模坯。短时间内改动这么多铜模几乎是不可能的。

另一方面，草书笔画打乱了原有部首系统，有些字很难归并到哪一个部首当中去，因此原有按部首、笔画编排的字典和索引也不能用了。同时，由于草书楷化的工作还没有深入下去，这一稿中很多字都保留了手写草书的笔画写法，有的汉字印出来甚至出现一半宋体，一半草体的模样，看起来怪模怪样，很不顺眼。

吸纳了多方意见，汉字整理组又先后更改了几稿，直到1955年10月全国文字改革会议上才得到大多数委员的认可。最终，《汉字简化方案》确定了517个简化字，分四批推行。1956年2月1日，第一批230个简体字和30个类推偏旁正式公布。在民间已经应用了千百年的俗体字终于有了合法身份。

让汉字学习不再难

"1956年1月1日全国报刊实行横排。"时隔50多年,《北京日报》退休老职工吴宾生对于这个特殊的日子仍能脱口而出。从那一天起,在排版车间负责拣字的吴宾生要把从字盘中拣出的铅字翻转90度,再排版。字盘里,字的顺序都是固定的,只是把繁体字换成简体字,一点儿也不影响排版速度。但是原来从右往左竖着排,现在从左往右横着排,精神还是要高度集中,一不留神字的顺序就容易弄颠倒了。

也是在这一天,在中国人民大学任教的胡明扬翻开报纸发现字的顺序都变了,许多繁体字也改成了简体字。他说:"根本不像有些人说的那样,用了简体字我们都成文盲了。我翻开报纸一看,这些字都是我们平时常写常用的,看起来一点儿也不困难。"

《汉字简化方案》公布后,最高兴的要数新入学的小学生了。那时候,小学生们入学的第一堂语文课是"開學了"。课文在内容上贴近孩子们的生活,很容易理解。但是要教会他们"開學"这两个字的写法,却要下一番功夫。一个"學"字就有16画,对于一个刚满7岁的孩子来说,实在有些勉为其难。所以,当孩子们发现以后"開學"可以写成"开学"了,都十分高兴。

另一方面,简化字也为多年来进展甚微的扫盲工作带来了福音。解放初期,我国文盲占全国人口的80%。那时,整村文盲的现象比比皆是。北京大学中文系教授陆俭明出生在上海市郊崇明的一个贫苦人家,他的母亲和许多邻居都不识字。小时候,他经常看到许多乡亲托出门的人给邻村的亲戚朋友带口信,问候平安。他说:"那时,大家都不识字,没人会写信,所以只能靠口信来互相问候。"这种现象在解放初的中国非常普遍。

刚刚解放,"扫盲"就成为新中国的一项重要工作。1950年底,全国各地开始了一场轰轰烈烈的"扫盲"运动。那时,扫盲班教的还是繁体字。对于一个毫无基础的成年人来说,学会笔画繁多的汉字真要下一番苦功。而简化字的推行,给"扫盲"运动帮了大忙。连许多家庭妇女都脱了盲,不但能看报，还能写信了。

总结创造简化字的方法和经验

在简化字的八种类型中，草书楷化字一般为独体字，因为是汉字原有的一种字，这种字可明显地减少字的笔画，又不会增加汉字字数，不失为一种较好的办法。但是这种情况在简化字中所占比例很小。特征字、轮廓字、会意字、符号字之类，如果是约定俗成的早已流行的字，既可以减少字的笔画，又不会增加汉字字数，也是不错的办法。

细说简化字的八种类型

文改会通过制定汉字简化方案，总结了创造简化字的方法和经验，将简化字划分为八种类型：

1. 假借字。借用笔画简单的字代替笔画较繁的同音字或异音字，比如脸面的"面"代替面粉的"麵"、山谷的"谷"代替谷子的"穀"，是同音假借；占卜的"卜"代替萝卜的"蔔"、升斗的"斗"代替斗争的"鬥"，是异音假借。

2. 形声字。指用形声结构造字原理简化汉字，这又有几种情况。A.原字的笔画太繁的形符改为笔画较简的，如刮风的刮—颳、肮脏的肮—骯。B.原字的笔画太繁的声符改为笔画较简的，如袄—襖、衬—襯、础—礎；也有原字的笔画较繁的形符和声符同时都改为笔画较简的，如脏—髒、惊—驚。C.原字的笔画较繁的非形声字改为笔画较简的新形声字，如邮—郵、窜—竄。

3. 草书楷化字。指将繁体字的行书、草书写法，改为楷书的形式，如东（東）、车（車）、贝（貝）。

4. 特征字。指用原字的特征部分来代替原字，有的留一角，如声（聲）、医（醫）；有的留一半，如录（錄）、号（號）、丽（麗）；有的留大部分，如垦（墾）、阳（陽）、际（際）。

5. 轮廓字。指保留原字的轮廓，省略其中的部分笔画，如卤（鹵）、乌（鳥）。

6. 会意字。指用几个笔画少的意义相关的字或偏旁表示一个意义，构成一个字。如尘（塵）、笔（筆）、泪（淚）。

7. 符号字。指把原字中笔画繁难的部分，用简单的字与笔画代替，这些字和笔画在字中不表音或义，只起符号的作用。如用"又"的汉、叹、艰、难、欢、观、权、劝、仅、鸡、戏、邓、对，用"不"的还、环、坏、怀。

8. 偏旁类推字。指运用已简化的字或偏旁类推出来的字。如军（軍）、阵（陣）、连（連）。

但是，有一些新造的简体字，比如"导、卫、邓、击、严、农、乡、盘"等，作为单字是简化了，作为汉字字数并没有减少，而且有的打破原有系统性，对学、认有关的字却未必有利。如"盘"，把上半的"般"换作"舟"，少了四画，但汉字中又多了个"盘"字，而且与"般、搬、瘢、磐"失去了系统；"导"字与"道"没有了关系；"邓"与"登、蹬、瞪、簦、凳、磴、镫、澄"系统脱了钩。

着重讲述形声、偏旁及假借字问题

下面，我们着重讲述一下简化字中形声字和偏旁类推字以及假借字问题。

如前所说，简化字中的形声字，是以形声结构的原理进行简化的字。形声字有表音和表意的偏旁，在汉字系统中占有较大比重。在原有形声字基础上简化偏旁的简化字，既维持了原来的形声结构，又在字形上与原字有较多联系，便于学习和辨认，这种办法比较受欢迎，也是文改主管部门较为注重的一种办法。但是这种办法中无论是代替原来的非形声字而新造出来的形声字还是将原来形声字的形符、声符进行改换形成新的形声字，都是减少了一个繁体字，增加了一个简化字，只是减少了字的笔画，没有减少字数。这与前面说到的缺陷是相同的，甚至是有过之而无不及。

偏旁类推字，是运用简化的偏旁或字作为偏旁和部件类推出来的简化字。这种办法简化效率很高，《简化字总表》的第三表就是运用《汉字简化方案》收入的54个简化偏旁和补充规定的92个可作简化偏旁用的简化字类推出来了1754个简化字。由于运用了类推简化办法，使得常用汉字中的相当数量的汉字得到简化，也使汉字经过简化整理形成了与原系统有所不同的新的系统。简化字中的偏旁类推字，也与前面说的几种办法存在的问题一样，只能减少字的笔画，不能减少字数。废除一个繁体字，增加一个简化偏旁类推的字，字数没有减少，在我们的字典里，只要是繁简都收，就得都收下来，比原先没有简化时多收了一些简化字。新造简化字和类推简化字又为我们的汉字总字库增添出来数量可观的新的成员，这与汉字简化的减少汉字总字数的目标是不一致的。

假借字问题。用一个笔画简的字替代音同或音近的笔画较繁的字，实际上不仅是替代，而且是兼并。同音代替在汉字发展的历史上就是汉字简化的重要方式。这种办法不仅简化了笔画，而且又减少了字数，这是最为符合汉字简化目标的，所以它也最受原推行汉字简化的主管部门重视，列为汉字简化的第一种方法，首选的办法。但在文字运用中，这种办法出现的问题较为突出。由于是同音代替，有的还不完全同音，这就给选用的字增加了义，有的还增加了音，就有引起混淆的可能。比如"干"字，近年常见"干细胞"一词，其中的"干"有人读阴平（一声），有人读去声（四声），如不了解术语含义，就难以确定；翻译地名"塔什干"中的"干"，中央电视台的播音员不止一个人读成去声。这些问题大都是用同音代替或假借法进行简化而字表又没有注释明白造成的。

由于汉字简化已经推行了40多年，同音代替又是使用得较多的一种重要方法，它所确定的简化字基本上稳定下来，不可能再去进行大的改变。所以，如今的解决办法就只能是，对个别的同音代替容易产生混淆的繁简关系进行适当调整，如后（後）、发（髮）、谷（穀）、当（噹）、蒙（濛懞矇）等，和对那些原本通用范围受限制的假借加以说明，以防转换时产生错误，如干（乾乾幹）、斗（鬥）、淀（澱）、范（範）、里（裡裏）等。

汉语拼音方案
——实现语言的国际接轨

汉字拼音化的大胆尝试

　　汉语拼音方案是中华人民共和国的汉字"拉丁化"方案，于1955—1957年文字改革时，由中国文字改革委员会汉语拼音方案委员会研究制定。该拼音方案主要用于汉语普通话读音的标注，作为汉字的一种普通话音标。1958年2月11日，全国人民代表大会批准公布该方案。1982年，该方案成为国际标准ISO7098（中文罗马字母拼写法）。目前，大部分海外华人地区如新加坡在汉语教学中采用汉语拼音。

拉丁化新文字运动

　　我国古代没有拼音，学习生字时使用反切的方法，就是用两个认识会念的字，取第一个的声母，取第二个的韵母，拼合起来就行了。古代，中国的回族同胞不学汉字，学习阿拉伯文，他们用阿拉伯文的字母来拼写口语（汉语），所以这可以算是中国最早的拼音。元朝，蒙古统治者用改变了的藏文的字母来拼写汉语等语言，叫八思巴字。虽然八思巴字不是专门拼写汉语的，但也可以算是汉语拼音的一种。明朝，西方传教士用拉丁字母拼写汉语，是中国最早的拉丁字拼音。清末民初，出现了用简单的古字表现汉语语音的拼音方式。民国年间政府制定的"注音字母"，就是这个系统的集中表现，现在台湾地区依然使用。当时还出现了拉丁字的拼音运动。中华人民共和国成立后，政府立即制定了"汉语拼音方案"，就是现在使用的这一套方案。

《现代汉语拼音方案》源于近代以来在中国开展的拉丁化新文字运动。中国的拉丁化新文字是20世纪20年代末30年代初在苏联创制的，其目的是在苏联远东的10万华工中扫除文盲，今后在条件成熟时，用拉丁化新文字代替汉字，以解决中国大多数人的识字问题。当时的苏联政府把在华工中扫除文盲也列为他们本国的工作任务，于是，在苏联的中国共产党党员瞿秋白、吴玉章、林伯渠、萧三等人与苏联汉学家龙果夫、郭质生合作，研究并创制拉丁化新文字。瞿秋白写成《中国拉丁式字母草案》，于1929年由莫斯科中国劳动者共产主义大学出版社出版。1930年，瞿秋白又出版了《中国拉丁化字母》一书，引起很大反响。

1931年5月，苏联各民族新文字中央委员会科学会议主席团对中国拉丁化字母的方案进行了审定，并批准了这个方案。1931年9月26日，在海参崴召开的中国文字拉丁化第一次代表大会上，又通过了书面方案《中国汉字拉丁化的原则和规则》。拉丁化新文字方案通过后，首先在华工中推行，出版书籍47种，刊印10多万册。许多华工学会了这种新文字，可以用新文字读书写信。

1933年，拉丁化新文字介绍到国内。1934年8月，上海成立了"中文拉丁化研究会"，出版介绍拉丁化新文字的书籍。接着，在北方和南方的一些大城市都先后成立了拉丁化新文字团体，甚至在海外华人中也成立了这样的拉丁化新文字团体。据统计，从1934年到1955年的21年中，拉丁化新文字团体总共有300多个。

拉丁化新文字的传播还得到了文化教育界人士的热情支持。1935年12月，蔡元培、鲁迅、郭沫若、茅盾、陈望道、陶行知等688位知名人士，共同发表文章《我们对于推行新文字的意见》，其中说："我们觉得这种新文字值得向全国介绍。我们深望大家一齐来研究它，推行它，使它成为推进大众文化和民族解放运动的重要工具"。可以说，这篇文章是拉丁化新文字运动的一份革命宣言。

拉丁化新文字运动一直延续到1958年《汉语拼音方案》公布时为止，历时近30年。它对中国的文字改革事业，对制定和推广《汉语拼音方案》，都有着重大而深远的意义。

从中国标准发展为国际标准

1949年中华人民共和国成立后，就马上着手研制汉语拼音方案。1949年10月成立的民间团体"中国文字改革协会"，讨论了拼音方案采用什么字母的问题。

在1951年，毛泽东主席指出："文字必须改革，必须走世界文字共同的拼音方向。"但是，究竟采用什么形式的拼音方案，他本人也是经过了反复斟酌的。毛泽东主席到苏联访问时，斯大林曾说，中国是一个大国，可以有自己的字母。毛泽东主席回到北京之后，便指示中国文字改革研究委员会制订民族形式的拼音方案。同时，上海的新文字研究会停止推广北方拉丁化新文字，等待新方案的产生。

1955年2月，中国文字改革委员会设立了"拼音方案委员会"，开始设计汉语拼音方案，提出了《汉语拼音方案（草案）》。1956年2月12日，中国文字改革委员会发表《汉语拼音方案（草案）》，公开征求意见。这个草案共有31个字母，其中有5个新字母，以便实现"一字一音"，不用辨读和双字母。草案发表后在全国范围内引起热烈的讨论，甚至海外华侨和留学生也提出了自己的意见。

1955年10月15日，在北京举行的全国文字改革会议上，印发给代表们的六种拼音方案的草案，有四种是汉字笔画式的，一种是拉丁字母式的，一种是斯拉夫字母式的。会议之后，当时的中国文字改革委员会主任吴玉章向毛泽东主席提议采用拉丁字母，毛泽东主席表示同意并在中央开会通过。

1977年，联合国地名标准化会议决定采用《汉语拼音方案》作为拼写中国地名的国际标准。1978年9月，国务院转发了《关于改用汉语拼音方案作为我国人名地名罗马字母拼写法的统一规范的报告》。这意味着《汉语拼音方案》拼写规范化普通话的一套拼音字母和拼写方式是中华人民共和国的法定拼音方案。这个方案吸取了以往各种拉丁字母式拼音方案，特别是国语罗马字和拉丁化新文字拼音方案的优点，是我国300多年拼音字母运动的结晶，是60年来中国人民创造拼音方案经验的总结，比历史上任何一个拉丁字母式的汉语拼音方案都更加完善和成熟。

《汉语拼音方案》自制订以来，得到迅速的推广和应用。主要有如下几个方面：

1. 用于给汉字注音。从1958年秋季开始，全国小学的语文课本采用汉语拼音给汉字注音。接着，中学教科书、字典、词典以及通俗读物、扫盲课本也采用汉语拼音注音。社会各界都掀起一股"汉语拼音"的热潮。

2. 用于教学普通话。《汉语拼音方案》公布后，陆续出版了利用汉语拼音编写的普通话教材、读物、字典、词典，促进了普通话的推广和普及。在对外汉语教学中，《汉语拼音方案》已经成为外国人学习汉语、进行全面训练的不可缺少的工具。

3. 用于字典、词典的注音、排序，书刊的索引。75卷的《中国大百科全书》采用汉语拼音排序，正文的每一个条目都注上了汉语拼音。

4. 作为我国少数民族创制和改革文字的共同基础。我国已经有壮族、苗族、侗族、哈尼族、傈僳族、佤族、黎族、纳西族、土族等少数民族采用与汉语拼音字母相一致的字母形式。

5. 用于不便使用或不能使用汉字的领域。《汉语拼音方案》为盲文的点字和聋哑人的手语的制定提供了依据。汉语拼音还可用于手旗通信、灯光通信中，用同汉语拼音字母对应的手旗讯号或灯光符号来传递信息。在电子计算机输入汉字方面，拼音输入法是一种最为普及的输入方法。

1982年8月1日，国际标准化组织（ISO）文献工作技术委员会决议，采用汉语拼音作为世界文献工作中拼写中国专有词语的国际标准，标准号：ISO7098-1982。《汉语拼音方案》已经从中国标准发展成为国际标准。

新形势下的新调整

20世纪80年代中期，为了适应新时期语言文字工作的新形势，我国在拼音化的政策上做了调整。

1986年1月，当时的国家语言文字工作委员会主任刘导生在全国语言文字工作会议上做了一份报告，报告完全没有提"拼音化方向"，只是谈到扩大拼音方案的应用范围。这意味着，我国政府改变了"拼音化方向"的政策，汉语拼音不再被看作文字，而只是被看作是一种辅助汉字的工具。汉字是正宗的、法定的文字，而拼音不是法定的文字。因此，自1986年全国语言文字工作会议以来，拼音与汉字就不再处于平起平坐的地位，拼音的地位是从属于汉字的，它不再是准备将来代替汉字的拼音文字。

1986年5月31日，国家教育委员会和国家语言文字工作委员会在《全国语言文字工作会议纪要》中更进一步明确地指出："在今后相当长的时期，汉字仍然是国家的法定文字，还要继续发挥其作用。"汉字的地位由此重新确立起来。

《中华人民共和国国家通用语言文字法》第一章第十八条规定："国家通用语言文字以《汉语拼音方案》作为拼写和注音的工具。《汉语拼音方案》是中国人名、地名和中文文献罗马字母拼写法的统一规范，并用于汉字不便使用或不能使用的领域。初等教育应当进行汉语拼音教学。"这样，就从法律上确定了汉语拼音的地位和作用。

汉语拼音虽然没能发展成为取代汉字的拼音文字，但它在给汉字注音、推广普通话、降低汉字识字难度、帮助汉语语言教学、促进汉语信息化等方面发挥了很大的作用，给人们的生活、学习、工作都带来了很大的便利。

汉语拼音方案内容

汉语发展历经几千年，其文字形式从最早的殷商甲骨文，到金文、小篆、隶书……到后来的繁体字、简体字，一直是在走一条由繁到简、由难到易的道路。特别是近代出现的一阵"拼音风"，更是希望把汉语的书面形式吹入一个极简极易的发展阶段。虽然这个尝试到目前没有成功，但也并不算失败，因为这看似简单的汉语拼音在中国大地上掀起了不小的波澜，给人们的生活带来巨大改变的同时，也已经深入到人们的生活中。

声母

汉语拼音采用拉丁字母，分声母和韵母。汉语拼音方案是一套表示读音的符号系统，不应视为独立的字母。汉语普通话中声母有21个，列表如下（同一格内，左侧为拼音，右侧为国际音标）：

	不送气塞音	送气塞音	不送气塞擦音	送气塞擦音	清擦音	浊擦音	鼻音	边音
双唇音	b [p]	p [pʰ]					m [m]	
唇齿音					f [f]			
齿龈音	d [t]	t [tʰ]	z [ts]	c [tsʰ]	s [s]		n [n]	l [l]
龈颚音			j [tɕ]	q [tɕʰ]	x [ɕ]			
卷舌音			zh [tʂ]	ch [tʂʰ]	sh [ʂ]	r [ʐ]		
软腭音	g [k]	k [kʰ]			h [x]			

此外，普通话里还有一些音节开头不是辅音而是元音，如"案"（an），这种没有声母的称之为零声母。

韵母

汉语普通话拼音中一共有39个韵母。列表如下：

	i ㄧ 衣	u ㄨ 乌	ü ㄩ 迂
a ㄚ 啊	ia ㄧㄚ 呀	ua ㄨㄚ 蛙	
o ㄛ 喔		uo ㄨㄛ 窝	
e ㄜ 鹅	ie ㄧㄝ 耶		üe ㄩㄝ 约
ai ㄞ 哀		uai ㄨㄞ 歪	
ei ㄟ 诶		uei ㄨㄟ 威	
ao ㄠ 熬	iao ㄧㄠ 腰		

ou 又欧	iou ㄡ忧		
an ㄢ安	ian ㄧㄢ烟	uan ㄨㄢ弯	üan ㄩㄢ冤
en ㄣ恩	in ㄧㄣ因	uen ㄨㄣ温	ün ㄩㄣ晕
ang ㄤ昂	iang ㄧㄤ央	uang ㄨㄤ汪	
eng ㄥ亨的韵母	ing ㄧㄥ英	ueng ㄨㄥ翁	
ong （ㄨㄥ）轰的韵母	iong ㄩㄥ雍		

上表只录了35个舌面元音韵母，此外普通话中还有舌尖元音韵母–i[ɿ]（"资、雌、思"等音节的韵母）和–i[ʅ]（"知、蚩、诗、日"等音节的韵母），卷舌元音韵母er[ɚ]（用作韵尾的时候写成r，例如："花儿"拼作huar），和单独使用的韵母ê[ɛ]。

i列的韵母，前面没有声母的时候，写成yi（衣）、ya（呀）、ye（耶）、yao（腰）、you（优）、yan（烟）、yin（因）、yang（央）、ying（英）、yong（雍）。

u列的韵母，前面没有声母的时候，写成wu（乌）、wa（蛙）、wo（窝）、wai（歪）、wei（威）、wan（弯）、wen（温）、wang（汪）、weng（翁）。

ü列的韵母，前面没有声母的时候，写成yu（迂）、yue（约）、yuan（冤）、yun（晕）。

ü列的韵母与声母j、q、x拼的时候，ü写成u，如ju（居）、qu（区）、xu（虚）。但是跟声母n、l拼的时候，仍然写成ü，如nü（女）、lü（吕）。

iou、uei、uen前面加声母的时候，简写成iu、ui、un，如niu（牛）、gui（归）、lun（论）。

汉语普通话的39个韵母，有的由一个元音构成，有的由两到三个元音构成，有的由元音加鼻辅音构成，据此，可将它们按结构分为单元音韵母、复元音韵母和带鼻音韵母三类。则单元音韵母共有10个：ɑ、o、e、ê、i、–

i[ʅ]、-i[ʮ]、u、ü、er[ɚ]；复元音韵母有13个：ai、ei、ao、ou、ia、ie、ua、uo、üe、iao、iou、uai、uei；带鼻音韵母有16个：an、ian、uan、üan、en、in、uen、ün、ang、iang、uang、eng、ing、ueng、ong、iong。

声调

汉语普通话中有四个声调，四个声调分别是：

第一声（阴平），又叫高平调，符号为 ˉ ，调值为˥55；

第二声（阳平），又叫中升调，符号为 ˊ ，调值为˧˥35；

第三声（上声），又叫降升调，符号为 ˇ ，调值为˨˩˦214；

第四声（去声），又叫全降调，符号为 ˋ ，调值为˥˩51。

汉语中还存在着一种特殊声调，叫做轻声，有时也叫"第五声"，在汉语拼音中不标调。有些学者认为"第五声"的说法并不确切。轻声虽然能够起分辨语义的作用，但是通常不列入汉语"四声"之中，因为声调是正常重音音节的音高形式。在音高上，轻音只有音区特征，声调还有曲拱特征。

在汉语拼音中，一个音节通常由一个声母和一个韵母配合构成，也有由一个韵母单独构成的。声调通常标在韵母中的元音上头，遇到一个韵母由几个元音组成时，其标调规则如下：

一、韵母有 a 时，标于 a 上；

二、韵母没有 a ，但有 e 或 o（普通话中不同时出现）时，标于 e 或 o 之上；

三、如果也没有 o 和 e，则一定有 i、u 或 ü，声调即标在它们的上头。其中，i 和 u 可以同时出现，遇到这种情况时，声调标在位于右边的元音上，例如 diū（丢）和 liù（六）。

皇皇巨著《辞海》
——中国最大的综合性辞典

几代学人千锤百炼的结晶

皇皇巨著《辞海》是一个世纪、几代学人千锤百炼的结晶。它开始编纂于20世纪初，历经20多年而成。作为新中国旷古未有的文化工程，它是数千年中国文化史上的一朵"奇葩"。

近100年来的文化常青树

回顾中国图书历史，近100年最为突出的特征就是，知识的系统、便捷服务成为时代的主旨。

知识的系统、便捷服务，以辞书出版最为具有代表性。自19世纪末20世纪初至今，100年来正是辞书出版最为繁盛丰富的时代，从普通识字必需的字典、词典到各个专业、行业细分的辞典，从一个领域的总览到一个专书的研究语汇集成，从便于携带的简装本、简写本到大全本、汇集本，再到正在兴起的数字化出版物，如DVD、学习机、手持阅读器、手机辞书等，可以说种类齐全、形式多样。据统计，1979年之前，可见到的各类辞书，大约不足900种，而改革开放至今的辞书种类，已经超过8000种，后30年是前70年的约10倍。以辞书为代表的知识服务，已经成为这个世纪的文化常青树。

辞书出版如此繁荣的原因在于，当文化活动摆脱了个体、个人的单兵作战，而改为集团协作配合的时候，出版社作为辞书出版组织运作的主体，在整合政治、经济和文化等各种社会资源方面具有极大优势，在编辑、加工、销售等产业化流程中具有个体、个人所无法比拟的生产效率。

此外，辞书出版成为这个时代的文化常青树，还有另外一个内在驱动力，那就是出版的组织原则——通常带有政治性和商业性的双重目标，即通常所说的"社会与经济的双效益"。商业性的盈利目标是出版组织永不枯竭的内在驱动力。辞书能够给读者提供系统、方便的知识服务，号称是"身边的老师"，只要有可能，每个人、每个家庭、每个单位都会备一些必需的常用辞典。市场销量的巨大和覆盖人群的无差别性，导致了辞书具有久远的商业价值。

以《辞海》为例。从1915年到今天，《辞海》的编纂、修订已经有近百年时间，参与其中的人，不仅有声望极高的文化名人，如历任主编舒新城、陈望道、夏征农等，还有超过5000名现当代权威的知识分子，甚至包括一批国家高级领导人。一部《辞海》编纂史，几乎就是中国当代文化的发展史。《辞海》1936年版的出版动力可能是侧重商业目的，此后的1957年版、1979年版可能更看重其政治价值。但无论哪种情况，在《辞海》的历史里，出版社一直是政治、经济和文化等各种资源整合的组织者、动员者，其能力非比寻常。

编纂历程：10年一修的方针

《辞海》是中国最大的综合性辞典，它是以字带词，兼有字典、语文词典和百科词典功能的大型综合性辞典。《辞海》最早的策划、启动始于1915年，当时中华书局创办人陆费逵先生决心编纂集中国单字、语词兼百科于一体的综合性大辞典，并取"海纳百川"之意，将书名定为《辞海》。

老《辞海》自1915年秋启动后，时作时辍。1928年起专聘舒新城先生担任《辞海》主编，1936年正式出版了《辞海》两巨册，声动全国，名重一时，成为中国出版史上永久载入的一件大事。新中国成立后，毛泽东主席于1957年9月在上海正式决定修订老《辞海》。1958年5月，中华书局《辞海》编辑所成立。1959年夏，《辞海》编辑委员会成立。1960年3月，《辞海》试写稿问世，11月，在初稿基础上，形成《辞海》二稿。1961年10月，按学科分类编排的16分册试行本在内部出版发行。1963年4月,《辞海》(未定稿)在内部发行。直至1979年3卷本的《辞海》正式出版,5千多名专家用20余年完成了夙愿,向国庆30周年献上了一份厚礼。

《辞海》至今仍秉承着10年一修的方针,即几乎每10年就有新版问世。1989年版的《辞海》以增新、补缺、改错为主。《辞海》1999年版则新增了彩图本作为主体版本。2009年版《辞海》在8月13日开幕的上海书展盛会上正式亮相,这套3卷本1900万字的新版辞书,因为拒绝收入"超女"等词而被视为清高,引起了坊间热议。

1936年版累计销量超过100万部

中华书局1915年编纂《辞海》的初衷,完全是为了要与商务印书馆的《辞源》进行竞争。第一任《辞海》主编徐元浩是一个旧时代的知识分子,编辑了十几万字后出任上海道尹,当官去了。1928年舒新城接任。办过《湖南民报》《湖南教育报》的舒新城,此时已有多部研究中国教育的专著出版,眼光、视野非旧文人可比,深受中华书局的赏识,因此从财力、人力上得到中华书局的大力支持。舒新城的《辞海》编辑部一班人马先在南京、杭州办公,后在1930年入上海,不久编辑部同仁全部加入中华书局,组成中华书局词典部,舒新城以每月300元高薪(中华书局老板陆费逵月薪200元)任中华书局编辑所所长。

舒新城1928年主编的《辞海》以当时世界上最为通行的韦氏大词典为体系,收词范围一改第一任主编的做法,不仅着眼历史典籍中的旧词,而且重点是当时一些新词的收录,当时历史发生的重大事件,如"塘沽协定""上海事变""甲午之战"等均收录在内。这在当时日本、德国等列强势力极为嚣张的大时代背景下,是冒着极大政治和经济风险的,由此引发中华书局内部的一场争论。

根据后人的回忆录记载,当时中华书局内部有人对舒新城的做法持反对意见,主张把《辞海》改为只收旧词的《国语大词典》出版,并提出把《辞海》中出现的人名、地名、科学名词一概取消,避免卷入政治危机之中。

舒新城坚决反对,力辩道:"即使中国亡了,关于历史上的名词,也应存在。社会科学名词决不能取消。"直到1936年6月份，距《辞海》正式出版剩下不到半年的时间，中华书局内还有人指出"一·二八""九一八"等条目不能收，政治性条目不能解释得太详细。舒新城反对说，"我国积弱，不能与强敌抗衡，敌污我之词不与之辩论，已属屈辱，而敌人强加我之事实亦默而不提，未免不尽人情。"他还说："辞海出版于今日，应是今日的东西，绝不能单说往事而不说今日之事，尤不能不提人人伤心之事。"又说到"再将日人近出之词典检录，即有上海事件之辞目，且叙述甚详，颠倒是非之处尤多。我以立场不同，绝不能将日人的污蔑之词一一抄入，替政府增罪名，替强邻造反证"（资料详见《中华书局大事纪要》，第143页，中华书局，2002年5月1版）。

舒新城的这些观点与主张，现在看来也许不足为奇，但在当时面临国破家亡的时代背景下已经很有文化知识人的铮铮骨气。而中华书局的主政者也有这种破釜沉舟的气魄，毅然于1936年12月出版《辞海》上册，1937年又出版了《辞海》下册。

在初版的《辞海》里，一大批政治词目收入其中，保持了中国人的立场。这些词条，适应了当时国家民族救亡图存的民族大时代气氛，因此《辞海》一出版，即获得社会广泛的赞誉。

同时，由于中华书局的《辞海》晚于商务印书馆的《辞源》出版，借鉴了《辞源》的优缺点，所以它能够在《辞源》的基础上取长补短，后出转精。如《辞源》引书不注篇名，常为论者诟病，《辞海》则引书举作者、书名和篇名，比《辞源》完备。因此《辞海》的销量远远超过了《辞源》。

《辞海》先以预约销售方式发售，分为甲乙两种16开本，分别用圣书纸、道林纸印，定价为24元、20元；为了便于携带，还出版了32开缩印本，同样用两种纸印，定价为12元、10元，为丙丁本。在1936年12月出版前就预约售出了3万余部。1938年，又印32开次道林纸本称戊本，定价6.5元，丙丁戊三种缩本于1941年印有25开报纸本。据估算，从1936年到1949年新中国成立前14年间，《辞海》的各种版本销量累计应超过100万部。

1957年版在平稳中有突破

新中国成立后的中华书局，舒新城依然任编辑所所长和总经理之职。在1949年5月，舒新城曾对1936年版的《辞海》写过一个"辞海增补本的编辑计划"，但一直到1951年退休也没有实现。

在舒新城退休6年后的1957年，毛泽东主席在上海会见了一批上海的文化名人，并在9月17日晚上单独接见了舒新城，舒新城借机向毛泽东主席提出了编辑《辞海》修订本和百科全书的建议。毛泽东主席当场就表态，"我极为赞成，到现在我还只能利用老的《辞海》《辞源》，新辞典没有。你的建议很好，应写信给国务院"，"我这就写信给人大常委，请其转达有关部门"。毛泽东主席又勉励舒新城道："你应挂帅在中华书局设立编辑部，以先修订《辞海》为基础，然后再搞百科全书。"毛泽东主席鼓励舒新城"一定要干"。

第二天，舒新城向上海的国家出版局和上海市委有关部门的负责同志传达了毛泽东主席谈话内容和意见，同时提出了自己的建议。上海市委很快确定了工作的方针，"由通到专，由小到大，由近及远，自己动手"，在人力、物力上投入"百位干部，百万元经费，5年时间"。经过7个月的筹备，1958年5月，中华书局辞海编辑所成立，66岁的舒新城再次出任主任。1959年成立《辞海》编辑委员会，成员有吕叔湘、陈望道等一大批学者和夏征农、陈翰伯、罗竹风、巢峰等一批政界、出版界官员，可谓当时中国出版界最为豪华的阵容。舒新城此后一直担任《辞海》主编，直到1960年11月28日去世。他逝世后，由陈望道继任主编，且副主编增至9人。

1957年版《辞海》，按照舒新城对1936年版《辞海》的"剃、梳、箧、增"四字修订意见，强调应使"外行看得懂，内行说不错"，"有意识地选择政治上能鼓舞人或生活上有意义的事例作证"的目标、原则，直到1960年3月，其试写稿才问世；11月，在初稿基础上，形成《辞海》二稿。1965年，《辞海》（未定稿）版公开发行。

根据上海辞书出版社在1949—2009年间总销量超过600万部的统计推算，《辞海》（未定稿）版在1963年开始内部发行至1979年的17年间，发行册数至少超过了100万部。

1979年版受到全社会广泛关注

1978年1月，中华书局《辞海》编辑所改名为上海辞书出版社，由巢峰担任出版社社长和总编辑。同年10月，国家出版局向出版社紧急传达中宣部的指示，《辞海》要在1979年国庆前出版，向建国30年献礼。

继《辞海》的第一任主编舒新城去世后，第二任主编陈望道也于1977年逝世，众多的分科主编和编写人员下落不明。重新组织队伍、做好各种准备，即使最快速度也要3个月。作者修订、编辑加工、排、校、印、装，充其量不足9个月。要在这么短的时间内完成一部1200万字大辞典的编纂出版工作，谈何容易！然而出版社迎难而上，在《辞海》第三任主编夏征农的带领下，顺利完成了任务。

1979年版《辞海》的历史意义在于，客观上承担了改革开放初期所需要的思想解放动员任务，成了改革开放的第一只报春燕。正因为如此，图书一出版，即受到了全社会的广泛关注，获得了巨大成功。定价为55元人民币的《辞海》3卷本销售了62万套，《辞海》缩印本（定价22.2元）的销量更高达298万部，为上海辞书出版社带来了巨大的经济效益。

新世纪：从文化政治到文化生意的重要转变

根据《辞海》10年一修的方针，1989年，上海辞书出版社开始着手新一轮的修订工作，1989年版《辞海》继续由德高望重的夏征农先生担任主编，他领导的修订工作得到各级政府的大力支持。

《辞海》1979年版和1989年版都按学科推出了"分册"，这是与1936年版、1957年版的最大不同。据上海辞书出版社的统计，截至1989年，《辞海》整套发行量已近600万套。与此同时，"分册"的市场表现也不可小觑，1979年版的20本分册和1989年版的26本分册都得到读者青睐，20多年间这两版的分册总销量高达1123.7万册。应该说，在《辞海》85年历史上，1979—1989年这20年是最辉煌的历史时期。

到了1999年，再次修订《辞海》时，依然由夏征农先生担任主编。这一

YINREN ZHUMU DE WENHUA ZHENXING

次除内容大量增补修订之外，还新增彩图本、普及本、缩印本。

1999年版的《辞海》遇到的最大问题是盗版，与前几版所遇到的问题有本质不同，它昭示了时代文化活动的一个重要转变——文化政治到文化生意。

2000年4月，上海辞书出版社的发行员接连发现山东、安徽、北京、河北、陕西等地出现装帧质量极其低劣、错页、漏页的仿冒品。据上海辞书出版社2002年统计，各种仿冒品《辞海》的每年销量超过了60万余套。2003年统计到的数据更达到了上百万套。上海辞书出版社曾在2000年开价15万元悬赏举报者，并在公安机关的追剿下，破获了不法书商印刷厂勾结在一起，分别盗印《辞海》5000套和缩印本5000册的重大案件，这个案件被称为全国图书市场第一大案。

2009年版的《辞海》修订工作，早已于2005年11月启动。2009年5月9日，全国人大常委会副委员长陈至立继舒新城、陈望道、夏征农之后，担任《辞海》第六任主编。据初步统计，已经出版的2009年版《辞海》，总条数近13万条，比1999年第五版新增8%；其中新增词条1万多条，词条改动幅度超过全书的三分之一；删去条目约7000条；第六版总字数约1950万字，比第五版增加约一成。与历次编纂方法相比，此次《辞海》编纂充分利用了计算机和数字化技术，建立了全文检索数据库以及质量技术保障系统，大大提高了工作效率和书稿质量。

尤其值得一提的是，新版《辞海》除了出版主体版本彩图本（音序）以及普及本、缩印本等纸质版本外，还计划推出具有无线上网功能的《辞海》手持阅读器及网络版。具有80多年历史的《辞海》，几代人精心经营的纸介载体，开始迎来了数字化、网络化出版的变革——数字化手持移动终端，开启了新一轮生命周期。

敢于负责、勇于坚持的夏征农老人

夏征农（1904—2008年），江西丰城人。曾求学于金陵大学、复旦大学。中国共产党员。新中国成立前，曾任新四军军政治部、民运部部长，中共苏中四地委宣传部部长，苏中公学校长，苏中建设大学副校长，中共济南市委宣传部部长；新中国成立后，任中共济南市委副书记，中共中央山东分局宣传部部长，中共山东省委、济南市委书记处书记，中共中央华东局宣传部部长，中共上海市委书记，中共中央顾问委员会委员，上海市社联、文联主席，复旦大学党委书记，上海大学首席顾问，《中国大百科全书》总编辑委员会副主任，《辞海》和《大辞海》主编。

一丝不苟、字斟句酌的"辞海精神"

1998年6月的一个夜晚，夏征农正伏案工作，突然接到时任中共中央总书记的江泽民同志的电话。他问夏征农："为什么《康熙字典》收词有4万多，《辞海》只有1万多？"夏征农答道："因为《辞海》是面向大众的普及型、实用型工具书，一些冷僻的、专业性很强的词就不收了。我们还准备编一部《大辞海》，供学术工作者使用。这里面收词就多了。"那年，夏征农94岁，正忙着《辞海》1999年版的修订工作。

回溯到30年前。1978年，国家有关部门要求新版《辞海》在1979年10月前出版，向新中国成立30周年献礼。时任复旦大学党委书记的夏征农，被调任《辞海》主编。

限于当时的历史条件，很多历史遗留问题难以处理。为此，编辑部拟写了一个《〈辞海〉处理稿件的几点具体意见》，共8条39款。夏征农指示副主编罗竹风携此进京向有关方面请示。结果，盘桓多日，罗竹风没能得到答复，只得返沪。夏征农在听取汇报时当场表态："《辞海》采取什么方针？要实事求是，尊重客观事实，尊重实际效果。""要我们负责，我们就要敢于负责；如果要我定，我也敢定。"

求新，是身为主编的夏征农在《辞海》编纂过程中一贯强调的要求；不唯上，不唯书，只唯实，解放思想，实事求是，成为解决《辞海》编纂中各种问题的钥匙。2005年11月26日召开的"2009年版《辞海》编纂动员大会"上，已101岁高龄的夏征农发言说："《辞海》是一部综合性的工具书，在编纂过程中有个吐旧纳新的问题。什么词汇已经过时了，不适用了，大家不会去用，就可以去掉；有些新出现的词汇要收进去。吐旧纳新，这是很重要的一条。""求新",使《辞海》得以常出常新,成为大家案头最权威的大型工具书。

敢于负责,敢于坚持自己的观点,实事求是,正是夏征农可贵的人格。他的远大目光,令人敬佩。1981年1月,新版《辞海》出版不到一年半,夏征农就提出"10年修订一次"的决策。此后,10年修订一次大型辞书,夏老亲自主持了4次修订,"一丝不苟、字斟句酌"成为"辞海精神"。

世界上最年长的大型辞书主编

夏征农与《辞海》有着不解之缘。在他主持下,1979年版、1989年版和1999年版《辞海》相继出版,发行量逾600万部,还出版了1100多万卷分册。2002年,编纂《大辞海》的工作开始启动,他又以98岁高龄出任主编,成为世界上最年长的大型辞书主编。

2002年,编纂《大辞海》的工作开始启动,98岁高龄的夏征农在大家的要求下出任主编。有人以为他也就是挂个虚名而已,其实不然。一些重大问题还是由他拍板、出面;只要《大辞海》开工作会议,他都参加。2004年1月,在自己100周岁生日时,夏征农赋诗一首:"人生百岁亦寻常,乐事无如晚节香,有限余年乃足惜,完成最后一篇章。""最后一篇章",指的就是《大辞海》。夏征农老人的最后30年,把全部精力投入到我国最权威辞书《辞海》的编纂工作中,他倡导并身体力行的"辞海精神",伴随、激励了几代"辞海人",成为大家的宝贵精神财富。2008年10月4日,当夏征农逝世的消息传来,几代辞海人纷纷在第一时间赶往华东医院,送别这位传奇老人。

2009年版《辞海》将增补收入"夏征农"条目,这应该是对夏老最好的纪念方式之一。

中国文化博大精深

最新版的《辞海》,也就是2009年编修的第六版《辞海》,它的篇幅较第五版略增,总字数约2200万字,比1999年第五版增加约10%;总条目近

12.7万条，比第五版增8%；其中新增1万多条，词条改动幅度超过全书的三分之一；删去条目约7000条。

悠久的辞书编纂历史

中国与古埃及、古印度、古巴比伦合称世界四大文明古国，中国文化是世界上最古老的文化之一。早在约公元前17世纪至公元前11世纪的商朝，那时的人们就已经懂得在兽骨上刻字，记录占卜的结果。所以，汉语有着非常悠久的历史，是世界上大多数其他语言所难以企及的。而更加可贵的是，中国很早就开始了汉语言文字的研究。

成书于春秋战国时期的《尔雅》，是我国最早的一部解释词义的专著，也是第一部按照词义系统和事物分类来编纂的词典。《尔雅》是世界文化史上最早的字典。

中国第一部大字典《说文解字》，在当时世界上也是少有的。《说文解字》简称《说文》，成书于汉和帝永元十二年（公元100年）到汉安帝建光元年（公元121年）。许慎根据文字的形体，创立540个部首，将9353个汉字分别归入540部，540部又"据形系联"归并为14大类。字典正文就按这14大类分为14篇，卷末叙目别为一篇，全书共有15篇。

《康熙字典》成书于康熙五十五年（1716年），字典采用部首分类法，按笔画排列单字。字典全书分为十二集，以十二地支标识，每集又分为上、中、下三卷，以214个部首分类，共收录汉字47035个，为汉字研究的主要参考文献之一。

《辞源》是我国第一部大规模的语文辞书。它始编于1908年，至今已经修订再版多次，凝聚了几代学者的心血。修订版《辞源》以旧有的字书、韵书、类书为基础，吸收了现代辞书的特点，以语词为主，兼收百科，以常见为主，强调实用，是一部综合性、实用性极强的百科式大型工具书。全书共4册，收词近10万条，总计解说约1200万字。

《辞源》与《辞海》各有千秋

《辞源》与《辞海》是我国两部规模较大、影响较久、权威性极强的收字释词的百科辞书，是学习、科研必不可缺的重要工具书，然而不少人常常把两部辞书混淆起来，弄不清在什么情况下利用《辞源》，什么情况下使用《辞海》，对学习和科研遇到的困难不能自解，不能不说是莫大的遗憾。下面列表对比两书的异同，不但使如何使用的难题迎刃而解，而且更加便于我们了解它们各自的优缺点。

	《辞源》	《辞海》
收词内容	一般止于1840年以前的古代汉语、一般词语、常用词语、成语、典故，兼收各种术语、人名、地名、书名、文物、典章制度。	古今中外的成语、典故、人物、著作、历史事件、地名、团体组织、各学科的名词术语，注重反映科学技术方面的新学说、新成果及其重大发展，对文史哲和其他各科目的解释，也注重了形式的变化和时代的发展。
排编方法	全书依十二集（子、丑、寅、卯、辰、巳、午、未、申、酉、戌、亥）和214部首为次序排列，同部首的按笔画多少为序。单字条由字头、汉语拼音、注音字母、广韵反切、声钮、释义、书证等组成。一字多音的分别注音，用"1、2、3……"表示，多义的单字或复词则用"（一）（二）（三）……"分项。	全书依250个部首排列，同部首的按笔画多少为序。单字条由字头、汉语拼音、释义、书证等组成。一字多音的分别注音，用"（一）（二）（三）……"分行排列，多义的单字或复词则用"①②③……"分项。
字、词排列方法	两书相同，即单字在前，其后列这个字为词头的复词，复词按字数多少为序，同字数的复词再按第二字的笔画多少排列。	
特点	全书用繁体字，专于求本、重在溯源。释义用简明、浅近的文言。	全书用简体字（单字后加注繁体字），主要介绍一般性语词和各科基础知识，释义用现代汉语，力求简明扼要、通俗易懂。

功用	专供阅读古籍、解决关于语词典故和有关古代文物、典章制度等知识性的疑难。	解决一般读者在学习、工作中质疑问题的需要。
索引	每册书前有该册收字、词的部首索引和检字表，每册书后有该册收字、词的"四角号码索引"，第四册后有"单字汉语拼音索引"。	书前有《辞海部首表》《部首笔画笔形索引》《笔画索引》。书后有《汉语拼音索引》《四角号码索引》《词目外文索引》《繁体字对照表》《新旧字形对照表》及《历代建元表》《中国历史纪年表》《中华人民共和国行政区划简表》等等。

　　由以上对两辞书的比较，我们可以看出，两部辞书各有特色，《辞源》的主要特色侧重古汉语词语的溯源及演变，注意加注反切，既反映出现代音又反映出中古音，是一部阅读古籍用的工具书和古典研究工作者的参考书。《辞海》的主要特色是介绍一般语词和现代百科语词的基本知识，只注现代音，采用简体字，适用于各行各业的普通读者。《辞源》重古，《辞海》厚今；《辞源》专深，《辞海》广博，各自适应了不同读者的需求。这也正是两部辞书的魅力所在。

中华古籍保护计划
——对历史负责，对未来负责

保护中华民族数千年的重要文明成果

我国古代文献典籍是中华民族在数千年历史发展过程中创造的重要文明成果，蕴含着中华民族特有的精神价值、思维方式和想象力、创造力，是中华文明绵延数千年一脉相承的历史见证。据介绍，我国古籍在漫长的流传过程中，迭经水火战乱的破坏，流传至今已是百部存一，但尚有丰富的遗存。据不完全统计，目前存世古籍超过3000万册件，大部分收藏于全国图书馆、博物馆和文物保护单位中。

新中国成立以来古籍保护工作取得了显著成绩

新中国成立以来，在党中央和国务院的重视关怀下，在有关部门的大力支持下，我国的古籍保护工作取得了很大成绩，为全面开展古籍保护工作打下了坚实基础。

首先，收集、保存了大量珍贵古籍，古籍保护工作体系初步建立。随着近代图书馆的诞生，大量皇家藏书、名人藏书入藏各地图书馆，一批志士仁人和在图书馆、博物馆等领域具有真知灼见的专家学者为保护珍贵古籍做出了卓有成效的努力和贡献。新中国成立之初，国家组织人力，投入资金，开展对重要古籍的收集工作，征集保护了大量民间古籍善本，使散落民间的珍贵古籍入藏图书馆、博物馆、高校、科研院所等，初步建立了古籍保护工作体系。据初步估算，目前全国古籍数量多达数千万册，分藏于公共图书馆、高校图书馆、专业图书馆、博物馆、寺庙及民间。为妥善收藏珍贵古籍，在各级财政的大力支持下，各有关古籍收藏单位陆续建立了一批条件较好的古籍书库，古籍保管条件得到改善。

其次，古籍修复、整理、出版等工作取得显著成果。新中国成立后，中央财政就投入资金，实施了《赵城金藏》《敦煌遗书》《永乐大典》以及"西夏文献"等一系列大型古籍修复项目，使得一批珍贵古籍善本得以有效保护。

20世纪50年代初，国家组织专家点校了"二十四史"和《资治通鉴》等古籍，促进了传统文化的传播和普及。为了加强古籍整理出版工作，国务院于1958年成立了古籍整理出版规划小组，从此古籍整理和出版工作有了全面的安排和统一部署。

20世纪70年代，根据周恩来总理指示，集中全国图书馆界的力量，编纂出版了《中国古籍善本书目》，图书馆馆藏珍贵古籍情况得到初步梳理。到80年代，国务院恢复组建了古籍整理出版规划小组，加强了古籍整理、出版工作的领导，影印、出版、翻译了一大批珍贵古籍，为继承和弘扬中华优秀传统文化，建设社会主义先进文化，发挥了重要作用。图书馆、博物馆等单位加强了馆藏古籍的整理，建立了馆藏目录，面向读者提供服务。比如，1989年开始，国务院批准实施了"中华大典"这一新中国成立以来最大的文化出版工程，将中国历史上的两万多种优秀文献典籍，分成22个学科、100多个分典，整理结集出版。经过几十年的发展，我国已具备了比较成熟、规范的古籍修复技术，上百万册濒危古籍得到修复。

再次，初步建立了一支古籍保护工作队伍。20世纪80年代以来，许多高校建立古籍研究所和文献专业，培养和造就了一批古籍保护的相关专业人才。多数藏有古籍的图书馆都成立了古籍部，有专门人员从事古籍保护工作。许多专家学者针对古籍开展学术研究，取得了丰硕研究成果，为继承和发扬中华传统文化做出了贡献。

最后，通过实施中华再造善本工程等重点文化工程，对珍贵的古籍资源进行再生性保护，有力地推动了古籍保护和利用工作。1985年起，在中央财政支持下，陆续开始了对全国古籍的缩微复制工作，20多年来共拍摄古籍善本近3.2万种。2002年起，文化部、财政部共同实施了中华再造善本工程。工程从保存在国内图书馆、博物馆等单位兼具文献价值和版本价值的古籍善本中，精选唐宋元时期的珍贵版本，采用现代和传统相结合的出版印刷技术仿真影印，使稀有、珍贵的古籍善本"化身千百"，实现了"继绝存真，传本扬学"的目的。截至目前，一期工程已出书758种、8990册。这套图书由中央财政出资，已配送给全国100所高等院校，并给国家图书馆和省级图书馆各颁赠一套。中华再造善本工程的实施，为新时期加强古籍保护工作树立了一个成功范例，为全面系统地开展古籍保护工作打下了良好的工作基础。

国务院办公厅发布意见要求切实做好古籍保护工作

古籍保护是一项长期的、艰苦的工作，面临的形势十分严峻。据了解，我国至今没有进行过全国古籍普查，现存古籍家底不清，许多流散在民间的古籍没有得到妥善保护；现存古籍老化、破损严重，数量很大，而保护和修复人才却严重匮乏，尤其是少数民族古籍保护和整理人员极度缺乏，与实际需要之间形成尖锐矛盾；古籍保护基础实验和研究水平低，制约着古籍保护工作的水平；珍贵古籍流失海外……这些都是目前存在的突出问题。所以，加强古籍保护刻不容缓！

为此，国务院办公厅发布了《关于进一步加强古籍保护工作的意见》，要求地方各级人民政府和有关部门要从对国家和历史负责的高度，充分认识保护古籍的重要性，进一步增强责任感和紧迫感，切实做好古籍保护工作。

为实施中华古籍保护计划，国家成立了由文化部牵头，发展改革委、财政部、教育部、科技部、国家民族事务委员会、新闻出版总署、宗教局、文物局等部门联合组成的全国古籍保护工作部际联席会议，成立了由全国古籍保护专家组成的专家委员会，指导古籍保护工作。中华古籍保护计划的相关标准和实施细则主要依据《中华人民共和国文物保护法》《国务院关于加强文化遗产保护的通知》《国家"十一五"时期文化发展规划纲要》等文件制订。

经过近两年的努力，由文化部主持，国家图书馆负责，邀请全国古籍保护专家制订了《古籍定级标准》《古籍破损定级标准》《图书馆古籍特藏书库基本要求》《古籍修复技术规范与质量要求》《古籍普查规范》和《图书馆古籍修复人员任职资格》等6项标准，前5项已正式确定为文化部行业标准。此外，还制订了中华古籍保护计划项目管理和资金管理办法，以及全国古籍普查、《国家珍贵古籍名录》、国家重点古籍收藏单位申报评定办法等，以保证计划的顺利实施。

中华古籍再生性保护计划

我国是历史悠久的文明古国，在漫长的历史进程中，各族人民创造了极为丰富的典籍文化遗产。保护、管理、利用好祖国的典籍文化遗产，对于维系中华民族血脉、弘扬优秀传统文化、增强民族自信、增进民族团结、振奋民族精神和促进社会主义和谐社会建设，推动人类文明进步，都具有重要的现实意义和深远的历史意义。

开展古籍普查、试点工作

按照文化部要求，全国古籍普查登记为古籍保护的基础性工作，也是"中华古籍保护计划"的重中之重。为促进古籍普查登记顺利推进，国家古籍保护中心将着重开展全国古籍存藏与保护现状调查，尽快掌握全国古籍存藏整体概况；大力开展古籍普查登记督导工作，成立普查登记督导工作组，选派专家到各相关单位检查和督导普查登记工作落实情况，同时提供业务指导；加强古籍普查登记人才培养工作，在继续完善现有培训模式的同时，开拓思路，在实践中培养、锻炼古籍普查的骨干力量；开展海外中华古籍合作保护，实现重要海外中华古籍的数字化回归及海外珍稀古籍再造工程，有重点、有针对性地进行海外珍贵古籍的原本回归；加大对古籍保护尤其是古籍普查工作的宣传力度，和全社会共享古籍普查心得和成果，充分发挥文化遗产在建设社会主义核心价值体系中的重要作用。

为贯彻落实国务院办公厅《关于进一步加强古籍保护工作的意见》文件

精神，使中华古籍保护计划全面顺利实施。2007年，在全国各个系统和不同层面的古籍收藏单位中选择了一批古籍收藏单位，作为全面开展古籍保护计划的试点单位，采用试点先行、以点带面的工作方式，摸索出不同地域、不同层面的古籍保护工作经验，为积极、稳妥地在全国范围内全面推进古籍保护计划打好基础。

全国古籍保护试点工作自2007年8月开始，至2008年7月结束，历时1年。试点工作的任务是：

1. 通过普查工作摸清家底，编制出本单位的古籍目录，并及时将普查结果上报上级主管部门。尽快摸清并上报所藏古籍的生存状况，探索或在上级单位的指导下探索在不同条件下开展古籍普查和保护工作的方法，取得有价值的推广经验后及时推广。

2. 各试点单位根据普查进程，及时分析普查结果，区分藏品的不同等级，对古籍实行分级保护。要针对古籍所处的保存条件、环境等提出符合当地特点的修复及保护计划。

3. 各试点单位的古籍修复须首先提出计划和具体方案，特别对古籍修复涉及的一、二级古籍，其修复方案和修复人员须得到国家中心或国家中心委托的省份中心认可。必要时一级藏品送国家中心或省中心修复，以免造成破坏性修复。

4. 对于古籍库房内部环境不符合藏品需求的，消防等外部环境不合格的，古籍收藏单位应及时向上逐级汇报，提出整改建议，申报改造计划，避免灾害隐患。

5. 对于库房条件过差和库房管理严重不合格的单位，根据藏品等级，必要时将寄存上级收藏单位或其他收藏条件好的单位，归属权不变，待库房的改进经专业人员认定符合藏品需要后，藏品方可归回。

中华再造善本工程

2002年5月，文化部和财政部联合发文，实施"中华再造善本工程"。为了使这项工作健康有序地进行，特成立了"中华再造善本工程规划指导委员会"和"中华再造善本工程编纂出版委员会"，宗旨是通过对珍稀善本的

"再造"，使之"化身千百"，分藏于各地，从而确保珍贵文献的传承安全，并扩大流通，促进古籍善本最大限度的传播和利用。这是弘扬优秀传统文化，坚持中国先进文化前进方向、促进文化艺术的繁荣和中华民族伟大复兴的一项重要举措。它肩负着时代赋予的历史使命和为子孙后代着想的巨大职责。

在中华再造善本工程编纂出版的过程中，由于历史原因造成同一部书分藏几地的，此次得成完璧；即便未成完璧，也已经最大程度合龙，几部相同版本残本配补成为完帙或接近完帙，这都极大地方便了读者，服务了学界。如元刻本《学易记》，全书为九卷，《中国古籍善本书目》著录，国家图书馆、辽宁省图书馆分别藏有一残帙，具体存卷没有注明。经查，国家图书馆存卷四至九，辽宁省图书馆存卷一至三，恰好合为全帙。更让人欣喜的是，经仔细核查，两部残帙原来竟是一部书，历史上流散的文物，今天通过再造善本的方式，重新聚合在一起，让亲历此书聚合的同仁欣喜之至，更深刻理解了再造善本工程于文化建设的无量功德。

《中华再造善本》在财政部、教育部、文化部等上级领导机构的支持下，在承办单位的努力和协作单位的支持下顺利完成，并在制作过程中陆续走入国家图书馆、100所高等院校、31家省级图书馆以及国内外学术机构、收藏单位还有学者、收藏者的案头，得到充分利用。一些学者使用再造善本已经形成了新的成果，如民盟中央副主席、中央文史馆馆长、北京大学教授袁行霈先生，一直致力于陶渊明研究，本人购置了再造善本中所有陶集，用于研究。著名学者冯其庸先生自费购置了再造善本中《史记》的全部版本进行研究，并有了项羽死于何处的新观点。社科院陈高华先生使用再造元刻本《蒲室集》解决了他研究中一个困扰多年的问题。台湾"中央研究院"中国文哲研究所林庆彰研究员断言，《中华再造善本》中收录的元刻本，将使他"以往著述中的很多观点都将重写"。台湾东吴大学图书馆馆长丁原基女士说："对中国的古文献来说，能够有这么一次将它普及的机会，这是非常了不起的……很有利于发扬中华文化。"一些专题纪念馆购置相应的再造善本，补充馆藏，对外展示。学界认为再造善本解决了过去研究中难以找到一手资料的问题。

2007年，中华古籍保护计划启动，《中华再造善本》作为古籍再生性保护的典范，成为中华古籍保护计划的重要组成部分。

2008年初，《中华再造善本》一期收唐、宋、金、元时期善本758种；同年，《中华再造善本》二期工程启动。目前，29种二期工程"明代编"和"清代编"的古籍已完成了试制。《中华再造善本》已初步实现了项目立项时"继绝存真、传本扬学"的目标。

1000多万元专项建设经费

古籍是祖先留下的珍贵的物质和精神财富，承载着丰厚的历史和文化。在各级领导的重视关怀下，古籍保管条件得到了全面改善和提升，国家古籍保护实验室按照古籍保护所涉及的学科内容和研究需要，投入1000多万元专项建设经费，先后购入大量先进的科学仪器和设备，目前已建成现代化实验室和高标准图书馆，从各个不同的层面开展古籍保护研究工作。

古籍保护实验室

化学实验室

化学实验室主要以古籍纸张的化学成分、化学性质和化学变化过程为研究对象，涉及纸张的组成成分、水分含量、pH值、高锰酸钾值、碱保留量、铜价、纤维聚合度、金属离子含量、未知物质组成等多项研究内容。目前已到位的仪器和设备有电子分析天平、pH计、恒温水浴槽、旋转蒸发仪、离心机、冷冻干燥仪、超低温冰箱、纤维解离器、超声波清洗器以及各种常用玻璃仪器、小型设备和化学试剂。并已开展修复用纸水分含量、pH值、高锰酸钾值、碱保留量等参数的测定和研究。随着后续仪器设备的到位和研究的不断深入，化学实验室将在古籍纸张保护研究中发挥基础性作用。

生物实验室

生物实验室主要以古籍纸张的微观显微形态及其生物危害为研究对象，包括纸张的纤维显微分析、古籍表面显微形态分析、古籍纸张纤维组分鉴定、古籍生物灾害研究及其防治对策等内容。实验室目前安装有生化培养箱、全自动正置显微镜、体式显微镜，并已开展古籍纸张表面形态显微观察和纤维显微分析等研究工作，完成了古籍保护中心办公室所购修复用纸纤维组分鉴定的任务，并参与了山东图书馆馆藏古籍《文选》及其修复用纸组分鉴定等科研项目。近期实验室将安装红外显微镜，将纤维形态观察和化学成分分析相结合，进行更加深入的研究，未来还计划配备无菌操作台、高压灭菌锅等设备，以开展古籍生物灾害及其防治对策等方面的研究。

物理性能实验室

纸张物理性能实验室主要以古籍纸张的物理强度、物理性质为研究对象，包括纸张的定量、厚度、紧度、白度、抗张强度、撕裂度、耐破度、耐折度、透气度、吸水性、伸缩率以及油墨的抗水性、耐磨性等各项指标。纸张物理性能实验室安装有全封闭的自动调温调湿系统，能够保证室内环境达到恒温恒湿。并安装有精密天平、纸张厚度计、抗张强度仪、耐破仪、撕裂度仪、耐折度仪、白度仪、透气度仪、吸水性仪、油墨摩擦仪、数显卡尺及各式纸张取样刀等仪器和设备，硬件设施已达到国内顶尖水平，已能够对纸张物理性能进行全方位多角度的测定和评价。未来将针对古籍纸张及修复用纸的特殊性，进一步完善实验室的设施和功能，以此为平台开展有关古籍纸张物理性能方面的研究工作。

纸张老化实验室

纸张老化实验室主要研究古籍纸张的耐老化性能。在自然条件下，光、热、水分、空气等环境因素都对古籍纸张的老化过程有直接影响，开展纸张的耐候性研究对于究竟应以怎样的环境条件来保护古籍有重要意义。纸张耐久性实验室目前已安装有氙灯老化仪、紫外老化仪、干热老化仪，并将装备臭氧老化仪，着重研究太阳光、紫外线、空气温湿度以及臭氧等因素在纸张纤维老化过程中所起的作用、作用机理、微观过程及宏观表现。

精密仪器实验室

精密仪器实验室主要用来集中放置古籍纸张保护相关的大型精密仪器。目前已安装超纯水发生器、纤维质量分析仪、紫外分光光度计、X射线荧光光谱仪、扫描电子显微镜、气相色谱——质谱联用仪、有害气体成分收集检测仪等多套仪器设备，可进行纸张纤维质量分析、金属离子检测与含量分析、古籍样品扫描电镜观察、有害气体组分分析以及挥发性样品的定性和定量分析等研究工作。

高标准的图书馆

目前，南京图书馆的古籍保护工作取得了一定成果。早在1993年，南京图书馆就专门修建了一座古籍楼收藏保管古籍。2007年南京图书馆新馆全面落成开放，160万册古籍迁入设施完备、安全无虞的现代化古籍书库。

高标准进行规划设计

南京图书馆馆舍共有11层，地下3层，地上8层，古籍书库分布于五、六、七3个楼层的北部，独立成区，设有4个大库、3个小库，总面积达3500平方米，共藏有160万册古籍、70万册民国文献和6000份胶卷，其中善本库面积即达1300平方米。书库墙体厚度达80厘米，由钢筋混凝土整铸而成，具有优良的密闭性和保温隔热性能，防盗防震功能良好。

使用智能型密集书架

南京图书馆古籍书库采用先进智能型密集式书架，并根据古籍保管需要，要求制造商在书架内使用樟木原板作书架隔板，不让古籍直接接触金属和油漆，充分体现了现代技术与传统保存的有机结合。每组密集书架由6节书架组成，由电脑控制书架的开关，每组书架所藏古籍也可在书架液晶显示屏中查询，书架开启可根据需要采用3种不同方式。智能型密集书架的使用，既提高了古籍的装架率，又起到了有效的阻燃、耐腐蚀作用。而采用樟木原板作为隔层板，既可以防虫防霉，更可以避免古籍接触油漆及金属后造成损害。目前，南京图书馆古籍智能型樟木隔板密集书架共有3106立方米，投入达1200万元，在全国处于较为领先的地位。

采用无窗设计

光线中的紫外线对古籍纸张纤维性的内部结构有破坏作用，时间久了就会发黄褪色变脆。北魏贾思勰《齐民要术》就有关于"不见日处曝书"的记载。南京图书馆古籍库房是无窗设计，避免阳光直射。书库灯光照明选择了防紫外线的光源，降低紫外线对书籍的伤害程度。无窗设计对书库的温湿度控制和防盗也起到一定作用。

消防与安防措施严格

做好古籍的消防、安防工作，是保障文献安全的重要措施，南京图书馆古籍书库在消防方面，安装了火灾自动报警系统和二氧化碳（气体）自动灭火系统，确保安全。因库房设置避开了地下和顶层，因此也避免了水患。安防方面，古籍书库被列为馆一级安保区域，设有24小时监控报警系统。书库每道库门设有2道机械锁、1道电子锁，需要2位工作人员同时打开，形成安全"双保险"。

空气净化与通风情况良好

为确保书库温湿度能够控制在标准要求的范围内，书库配备了从加拿大进口的独立恒温恒湿精密空调机组，以保障"一对一"24小时连续不间断工作。空调机组设备与书库完全隔开，库房长年温度可保持在16至20度，湿度保持在45%~60%之间。为过滤空气中的灰尘和有害气体，减少对古籍的伤害，古籍书库精密空调机组同时设有空气过滤和净化措施，能有效滤除灰尘和二氧化硫、二氧化氮、总挥发性有机化合物等有害气体。

做好防虫防鼠工作

为做好防虫防鼠工作，确保古籍不被虫鼠侵食，南京图书馆采用了传统和现代相结合的方式。一是订制书架垫板全部使用樟木，这样能够起到很好的防虫防蛀作用；二是为了加强防虫防蛀的效果，投放大量的天然樟脑精块；三是通过对书库进行恒温恒湿等的环境控制，很好解决虫害侵蚀的问题。

国家大剧院
——让艺术走近每一个人

国家的最高艺术表演场所

　　国家大剧院是一个国家的最高艺术表演场所，早在20世纪50年代政府对长安街的规划就设想了国家大剧院的建设。1958年，周恩来总理首次对建设国家大剧院作出批示，认为地址"在天安门以西为好"。但由于受当时经济条件限制，这一工程未能实施。1958年开始，文化部就下设了国家大剧院筹备委员会，虽然国家大剧院最早从"建国十大建筑"中下马，但筹委会一直在文化部。到了1987年，中央政治局委员万里为大剧院工程重新上马第一次召集开会。90年代末，国家大剧院的建设工程重新上马，并被正式确定下来。

国家大剧院落成

　　1996年10月，中共十四届六中全会决议确定建设国家大剧院。

　　1997年10月，中共中央政治局常委会决定建设国家大剧院。

　　1998年1月，中共中央政治局常委会决定成立国家大剧院建设领导小组和国家大剧院工程业主委员会。

　　1998年4月，国务院批准国家大剧院工程立项建设。

　　2001年11月26日，国家计委批准初步设计。

　　2001年12月6日，国家计委批准开工报告。

　　2001年12月13日，国家大剧院正式开工建设。

2003年12月2日，国家大剧院封顶。

2007年9月25日，国家大剧院开始试演出。

国家大剧院位于北京人民大会堂西侧，西长安街以南，占地面积11.9公顷，总建筑面积15万平方米，其中主体建筑10.5万平方米，地下附属设施6万平方米。总投资额31亿人民币。国家大剧院东西向长轴跨度212.2米、南北向短轴跨度143.64米，外部围护钢结构壳体高度为46.285米，呈半椭球形的穹顶，穹顶下建造歌剧院、音乐厅和戏剧院三栋建筑。椭球形屋面主要采用钛金属板饰面，中部为渐开式玻璃幕墙，整个穹顶的面积为3万多平方米，大约是上海大剧院屋顶面积的3倍。

主体建筑由外部围护钢结构壳体和内部2416个座席的歌剧院、2017个座席的音乐厅、1040个座席的戏剧院、公共大厅及配套用房组成。椭球壳体外环绕人工湖，湖面面积达35500平方米，各种通道和入口都设在水面下。表面上看来，国家大剧院比人民大会堂略低。但其实际高度要比人民大会堂高很多，因为国家大剧院60%的建筑在地下，其地下的高度有10层楼（–32.5米）那么高。国家大剧院工程于2001年12月13日开工，2007年9月建成。

国家大剧院六大工程亮点

国家大剧院工程采用了许多世界先进的技术，创造了很多工程亮点，下表着重介绍国家大剧院的六大工程亮点。

国家大剧院六大工程亮点	
6750吨钢梁架起最大穹顶	国家大剧院壳体结构由一根根弧形钢梁组成，这个巨大的钢铁天穹几乎可以将北京工人体育场全部罩住。令人惊奇的是，如此巨大的钢架结构中间居然没有用一根柱子支撑。重达6750吨的钢结构要完全依靠自身的力学结构体系来保证安全稳定。
绝版石材装修地面	大剧院共使用20多种天然石材，分别来自国内10余个省市。有来自承德的"蓝钻"、山西的"夜玫瑰"、湖北的"满天星"、贵州的"海贝花"……其中很多都是稀有品种，如产自河南的"绿金花"已是绝版石材。

地下有10层楼深	国家大剧院高46米，但地下深度有10层楼那么高。大剧院60%的建筑面积都在地下，最深达到32.5米，是目前北京地区公共建筑最深的地下工程。为了防止地面沉降，工程技术人员用混凝土从地下水最高水位直到地下60米黏土层，浇筑了一道地下隔水墙。这个由地下混凝土墙体形成的巨大"水桶"，可以将大剧院地基围得严严实实。
舞台和观众厅之间设防火幕	大剧院几乎囊括了所有种类的消防系统。有高灵敏度的自动报警、自动喷淋和自动雨淋、气体灭火系统等各种消防设施。具有火焰探测功能的"双波段火灾探测器"。舞台是火灾事故多发地，为此大剧院在舞台和观众厅之间设防火幕。遇到火灾，防火幕会自动下降，将舞台和观众席完全隔离，不让火势蔓延到观众席上。大剧院壳体上方设有机械排烟窗，公共大厅设有自动排烟窗，能及时把烟雾排放到室外。
纳米外壳不留水渍	国家大剧院的建筑"皮肤"采用玻璃和钛金属板饰面，在壳体外设置有喷淋系统。壳体外的玻璃是防弹的，外层还涂有一层纳米材料，当雨水落到玻璃面上时就像水滴落在荷叶上一样，不会留下水渍。同时，纳米技术还大大降低了灰尘的附着力。
人工湖水四季恒温	国家大剧院四周绕着一圈碧波荡漾的人工湖，为了保持碧波长存，让水池里的水"冬天不结冰，夏天不长藻"，特地设计了一个封闭的循环系统，封闭抽取四季恒温的地下水，使湖面水和地下水进行热交换，始终将露天人工湖的水温控制在零上几摄氏度。

"巨蛋"揭壳

国家大剧院内有4个剧场，中间为歌剧院，东侧为音乐厅，西侧为戏剧场，南门西侧是小剧场，4个剧场既完全独立又可通过空中走廊相互连通。另外，其内部还有许多与剧院相配套的设施。其中，歌剧院舞台设备是国内最好的，也是世界上最好的之一。它的特点一个是大，舞台的台面很大；一个是功能全，歌剧院的4个舞台——一个主舞台，两个侧台，一个后台都可以"升降推拉转"。如果说歌剧院是世界上最先进的之一，那么戏剧场就是世界上最先进的了。这个"最先进"就体现在它的变化形式特别多。

歌剧院——国家大剧院内最宏伟的建筑

歌剧院是国家大剧院内最宏伟的建筑，以华丽辉煌的金色为主色调。歌剧院主要上演歌剧、舞剧、芭蕾舞及大型文艺演出等，歌剧院的观众厅设有池座1层和楼座3层，有观众席2091个（不包括乐池）。歌剧院有具备推、拉、升、降、转功能的先进舞台，可倾斜的芭蕾舞台板，可容纳三管乐队的升降乐池。

歌剧院舞台采用"品"字形舞台形式，由一个主台、两个侧台和一个后台构成，舞台具备推、拉、升、降、转五大功能，可迅速地切换布景。其中，主舞台有6个升降台，既可整体升降又可分别单独升降。舞台的左、右侧台各有6台可以横向移动的车台，通过主舞台升降台互换位置，可以迁换场景。后舞台下方距地面15米处，储存有一个芭蕾舞台台板，主舞台升降台下降后，芭蕾舞台可移动到主舞台台面上，用于芭蕾舞演出。芭蕾舞台的台面用的是俄勒冈木，并用三层结构来增加弹性，保护了芭蕾舞演员的足尖。这也是国内面积最大的无缝隙专用芭蕾舞台板，台面可倾斜至5.7度。舞台上方栅顶高度为32米。吊杆、灯光桥、灯光渡桥通过钢丝绳悬挂在空中。61道电动吊杆，78台轨道单点吊机，24台自由单点吊机，灯光桥、灯光渡桥、灯光吊架将1588盏用于演出的灯具点缀在歌剧院舞台的上方，灯光反应快，可以在几秒钟内变换造型。舞台顶部还设置了60多道吊杆和幕布，可以制造不同的演出场景。

乐池面积为120平方米，可容纳90人的三管编制乐队，也可升至观众席水平位置变成观众席。在乐池中，还特别为指挥设计了专用升降台，指挥可以以这种特别的方式出场、谢幕。

歌剧院在墙面上安装了弧形的金属网，声音可以透过去，而金属网后面的墙是多边形，这样就形成了视觉的弧形和听觉空间的多边形，做到了建筑声学和剧场美学的完美结合，其混响时间为1.6秒，符合歌剧及舞剧等的演出要求。

歌剧院设有6个单人化妆套间，6个单、双人化妆间，18个中化妆间，两个乐队指挥休息套间，6个乐队用大化妆间，8间练习琴房。

音乐厅——建筑美学和声学美学的完美结合

国家大剧院音乐厅位于歌剧院东侧，以演出大型交响乐、民族乐为主，兼顾其他形式的音乐演出。

音乐厅的观众席围绕在舞台四周，设有池座1层和楼座2层，共有观众席1859个（包括合唱区）。演奏台设在观众厅一侧，演奏台宽24米、深15米，能容120人的乐队演奏。演奏台设有3个升降台，在演奏台前部设有钢琴升降台。四周围的数码墙有如站立起来的钢琴琴键，其凹凸的尺寸和形状是由数论精确计算得出，使声音均匀、柔和地扩散反射。在演奏台后设有可供180人合唱队使用的观众席合唱区。

安放于音乐厅的管风琴是目前国内最大的管风琴，有94音栓，发声管达6500根之多。出自德国管风琴制造世家——约翰尼斯·克莱斯，与著名的德国科隆大教堂管风琴系出同门，能满足各种不同流派作品演出的需要。

音乐厅的天花板，形状不规则的白色浮雕像一片起伏的沙丘，又似海浪冲刷的海滩，有利于声音的扩散。为了达到声效的完美，在顶棚的下面还悬挂了一面龟背形状的集中式反声板，它的作用是将声音向四面八方散射。

音乐厅的顶部、墙壁、地面、舞台、座席与管风琴的色调搭配和谐优美，处处传递着音乐殿堂的非凡气质，其混响时间为2.2秒，实现了建筑美学和声学美学的完美结合。

音乐厅设有两个乐队指挥休息套间，两个单人化妆套间，4个单人化妆间，6个中化妆间，7个乐队、合唱队用大化妆间，10间练习琴房和1间管风琴练习琴房。

戏剧场——国家大剧院最具民族特色的剧场

戏剧场是国家大剧院最具民族特色的剧场，营造出颇具中国特色的剧场氛围。戏剧场主要供戏曲（包括京剧和各种地方戏曲）、话剧及民族歌舞使用。观众厅设有池座1层和楼座3层，共有观众席957个（不包括乐池）。

戏剧场拥有世界上最为先进的戏剧舞台，舞台采用由镜框式舞台到伸缩式舞台的可变化形式，设有主舞台，左、右辅台和后舞台。主舞台设置的

"鼓筒式"转台，由13个升降块、两个升降台组成，既可整体升降又可分别单独升降，这种形式的鼓筒式转台在世界上是唯一的，可以达到边升降边旋转的舞台效果。独特的伸出式台唇设计非常符合中国传统戏剧表演的特点。

戏剧场设有5个单人化妆套间，8个中化妆间和3个大化妆间，1个乐队指挥休息套间，3个乐队用大化妆间，还设有4间练习琴房。

此外，观众席的每个座椅下都会有空调送气孔。观众在观看演出时，感受不到气流的存在，却能享受到空调带来的舒适。而且下送风设计调节的是地面以上两米高度内的空气温度，与传统中央空调调节整个剧场温度相比，不仅大大节约了能源，还不会产生中央空调的那种噪音。此外，座椅安有消声装置，即使观众中途离席折叠收椅，也不会发出声音。

打造低价的"人民大剧院"

国家大剧院作为国家最高表演艺术殿堂，它首先要符合最高殿堂和国际最大交流平台的要求和标准。从国家大剧院来讲，最主要的功能是经营演出，它主要是经营舞台表演艺术的一个场所。因此在剧目的选择中，要不失国际性和艺术性这两方面。那么，在如此的要求之下，国家大剧院是如何贴近老百姓的呢？高雅和普及是如何兼顾的呢？

让普通百姓走进大剧院

让普通市民百姓也能走进大剧院，享受到世界一流的设施，是建设国家大剧院的初衷。因此，国家大剧院采取低价位原则，根据剧场的大小，针对不同场次的演出制定立体化的票价，大力推出亲民票和平价票，让更多普通市民走进大剧院。根据这一票价制定原则，绝大多数剧目的票价都低于北京市场同类项目在其他场馆的演出价格。

为了方便公众购票，国家大剧院采用了先进的售票系统，使社会公众可以通过国家大剧院的网站、呼叫中心及分销票点三种渠道方便购票。

国家大剧院在坚持低票价的同时，还会在演出季揭幕的同时启动艺术教育普及工程。在此期间将策划一系列精彩纷呈的艺术普及活动和公益演出，让艺术走进普通民众，让艺术丰富百姓生活。

公益性的国家大剧院不能一切向钱看，不然结果就是高票价。与国际上类似水平的剧院比较来看，以法国巴黎歌剧院的相关情况与我国最为接近，它也是公益性非赢利机构，政府资金扶持高达歌剧院支出的66%~70%。因此，结合我国实际初步测算，在开业的前3年，国家大剧院资金来源的80%左右还要靠政府补贴。

高质量艺术文化的普及

国家大剧院在演出方面首先坚持了"三高"的原则：高水准、高质量、高雅艺术。这三者是在进行引进演出和剧目生产过程中始终坚持的原则。所谓的高水准就是演出团队，包括演员阵容、乐手阵容都有一定的水准，在演出中推崇名团、名家，这也是在剧目选择中的一个要求。"高质量"主要是指演出的艺术质量上有很高的水准。

国家大剧院的初衷是让更多的观众走进大剧院、了解大剧院、喜欢大剧院，所以为了更加贴近观众，在剧目的引进和生产上，要坚持艺术和市场的双重标准。首先，剧目一定要有很高的艺术质量，即"三高"原则。其次，剧目也一定要得到观众的欢迎，也就是要有市场，要得到观众的喜爱和认可。如果艺术标准很高，但是观众不喜欢，曲高和寡，就达不到效果。所以，国家大剧院主要是依据"三高"原则和市场的双重标准定义剧目的引进和生产。

不过，通过国家大剧院对剧目市场的反馈，艺术质量高的剧目，并不像一些人所讲的"艺术质量高的一些观众不理解"。实际上，艺术质量高的剧目观众一定也是能接受的，如果说艺术质量高的观众不接受，也只能说是对某一类可能还不太了解。

比如说歌剧。由于歌剧是从国外引进的，在中国的普及又不是那么广，这样有些观众对它的表演形式和内容可能还不是很了解，那么针对这一块就要加强普及教育。普及的最基本工作，就是让观众先了解它，了解了就会喜爱，喜爱了就会主动走进剧场去观看。针对此，国家大剧院通过两届歌剧节引进了很多国外经典的歌剧，让广大中国观众得到机会去接触、了解、欣赏国外的经典歌剧，得到了人们广泛的欢迎和喜爱。国家大剧院正是要通过这样的努力，将高质量的艺术文化向广大人民群众普及。

《中华大典》——开创全面整理中国古典文学遗产的壮举

《中华大典》：中国类书之冠

进入21世纪后，国家对《中华大典》编纂工程日益重视，将其列为《国家"十一五"重点出版规划》和《国家"十一五"时期文化发展规划纲要》的重点项目。"从最早的类书《皇览》，到最出名的类书《古今图书集成》，没有一部类书有如此大的规模，有如此丰富的内容。"《中华大典》工作委员会副主任伍杰感叹，"其内容包罗了诸子百家、佛道众教、各地志书等大量优秀的文献资料，完全称得上是中国类书之冠。"

古籍编纂力求精益求精

作为国务院正式行文批准启动的规模最大的文化出版工程，《中华大典》共有24部类，116部分典，其中4000万字以上的大型典9部，2000万至3500万字的中型典8部，另有7部1500万字以下的小型典。成书后预计辑录经典古籍2万余种，总字数近8亿字，超过了中国所有古代类书字数的总和。

《中华大典》采用的是现代科学分类法进行编纂，与古人的分类法有着比较大的差异，每一部分典的内容都是从几千种古籍中提取出来的，编的时候要先进行普查，再确定通用书目。编纂的整体原则是"古代要全，近代要精，小家要全，大家要精"。

《中华大典》的完成时间超出了"十一五"规划的时间，为什么会这样呢？原来，参加大典编纂的专家约有3000人，每个人交稿后都要通过编委会的反复审查，一旦发现问题就需要退回去修改，再加上校对、排版等工序，这个过程的工作量大大超出了预期。

比如最简单的标点符号这一项，我们都知道古文献是不用标点的，编的时候就要一点一点地进行断句、标注，古汉语的语法结构和现代汉语有着很大的差异，标错一个符号，整段话可能就变成另外的意思了。所以不仅编稿的时候要非常认真仔细，审稿的时候更需要慎之又慎。

本着对传统负责、对后人负责的态度，整部大典的编纂工作力求精益求精，而编纂工程的结项日期也因此被推迟到"十二五"期间。

荫泽后世传记录

截至2010年4月，已全部完成出版的有南京大学教授、著名中国古代文学史学家程千帆先生主编的23册《文学典》，和著名哲学家、历史学家任继愈先生主编的14册《哲学典》，部分完成出版的有《医药卫生典》《历史典》和《历史地理典》，此外还有已通过审核交给出版社的书稿近3亿字。

《中华大典》完成出版的部分，已经通过多种渠道在全球范围发行，包括加拿大、美国等国，像美国国会图书馆就有馆藏。

许多学者称赞《中华大典》编纂的高质量、高水平。复旦大学王水照先生评价："《中华大典》是新中国成立以来规模最大的汉语古籍分类资料宝库，它是中国历史久远、从不间断的伟大文化成果的一个集中化体现。用科学体系把中国历代编纂类书的传统推向一个全新的高度。"

前中国新闻出版总署署长柳斌杰在《文学典》出版座谈会上曾高度评价这部作品，称它"开创了全面整理中国古典文学遗产的壮举，体现了当代古籍整理出版的新水平，是出版界组织编纂出版重大文化工程的成功实践"。

功在当代、利在千秋的伟大文化工程

《中华大典》，惠泽后人的文化工程。有利于全面整理中国古籍，抢救、保存、传承和弘扬中华优秀传统文化，振奋民族精神；有利于建设社会主义先进文化，凝聚和激励全民族的力量；有利于推动当代的科学研究，提高学术水准；有利于海内外专家学者考察、研究中国文化，促进国际文化交流和中华文化走向世界；有利于推进国内外广大学者的文化交往和学术合作，促进中华民族的大团结和祖国和平统一大业。

集中国古典文化之大成

《中华大典》是一部可以和明朝《永乐大典》相媲美，集中国古典文化之大成，以国家的名义和力量，来组织编写的汉文古籍特大型类书。它把中华五千年传统文化分为二十四类，均以现代学科命名。

该书由钱钟书等300多位全国著名学者、海内外知名专家提出、畅议、论证，于1990年由国务院正式批准启动，并列为国家级重点古籍整理项目，也是新中国成立以来最大的文化工程之一（被列入国家"十一五重点社科规划项目"）。1992年以来，许多中央领导都对《中华大典》的编纂表示支持，并给予指导。一批年逾古稀的老专家如程千帆、戴逸、席泽宗、张晋藩、邹逸麟、朱祖延、马继兴、余瀛鳌、李国钧、李明富、葛剑雄、马建石、卞孝萱等，都为这套恢宏大典的编纂倾注心血。

中华民族数千年来创造了悠久而绵延不绝的历史文化，积累了大量文献典籍。类书典籍是我国古代百科全书性质的一种资料汇编，由于内容广阔，分类编辑而成，所以得名。我国历朝历代都十分重视类书的编纂。

《中华大典》是一项规模大、难度高的古籍整理工程，该书参照现代图书分类方法，对先秦至1911年这两千多年时间里，我国优秀文化典籍进行梳理汇编，涵纳了儒家、诸子百家、佛道诸教以及志书等优秀文献资料，是一部中国历代汉文字古籍的新型类书。

华夏泱泱国学之大观

《中华大典》工程于1989年开始试典，1992年正式启动编撰，全面铺开，投入总经费4亿元人民币。全书按现代科学分类方法分为24个典，包含116个分典，所采集的文献资料上自先秦，下迄辛亥革命（1911年），收入两万多种古籍，共8亿多字，是明代《永乐大典》的两倍多，是清代《古今图书集成》的4倍多，将超过中国所有古代类书字数的总和。

《中华大典》的一级经目分为24个典，包括：哲学典、宗教典、政治典、军事典、经济典、法律典、教育体育典、语言文字典、文学典、艺术典、历史典、历史地理典、民俗典、数学典、物理化学典、天文地学典、医药卫生典、农业典、水利典、林业典、生物典、工业典、交通运输典、文献目录典。

其体例结构既吸收我国古代类书编排的优点，又具有现代科学系统分类的特点。经纬目的设置，采用《古今图书集成》经目与纬目相交织的统一框架结构。经目与纬目每一大类的名称，均以现代科学命名，其内容也尽可能纳入现代科学分类体系之中，从而体现新型类书的特点。经目从上至下，一般分为典、分典、总部、部四级。

《中华大典》是中国经济文化繁荣昌盛的重要标志，是建设中国特色社会主义先进文化的需要，是功在当代、利在千秋的伟大文化工程。"《中华大典》，乃华夏泱泱国学之大观也。"

《中华大典》24典主要内容

《中华大典》共分24典，其中：

《中华大典·哲学典》设《儒家分典》《诸子百家分典》和《佛道诸教分典》等3个分典16册共3200万字。由任继愈先生主编，云南教育出版社出版，是《中华大典》24个典中第一个完全出齐的典。每个分典下一般设典籍、人物、学派和范畴四个总部：典籍总部收集了有关主要哲学著作的序、跋、评介和著录等；人物总部收集了重要哲学人物传记及有关个人生平的记载；学派总部收集了有关该学派的综述性文字；范畴总部收集了有关哲学范畴、命题或问题的文献。《儒家分典》主要收集儒家文献中的哲学资料。《诸子百家分典》包括了道、墨、名、法、杂、兵、天文、阴阳、农、医、纵横诸家文献中的哲学内容。《佛道诸教分典》则收集佛教、道教及中国基督教、中国伊斯兰教和犹太教、摩尼教、祆教等文献中的哲学资料。引用书目达万余种，收哲学家近2000人，其中80%是今人没有研究或较少研究的。

《中华大典·宗教典》包括《佛教分典》《道教分典》和《其他宗教分典》，共3000万字。

《中华大典·政治典》包括《政治理论分典》《政治制度分典》《行政制度分典》《礼制分典》和《对外关系分典》，共2000万字。

《中华大典·军事典》包括《军事理论分典》《军事制度分典》《军事技术分典》《武器分典》《战例分典》和《军事综合分典》，共3000万字。

《中华大典·经济典》包括《经济理论分典》《经济制度分典》《经济管理分典》《贸易分典》《财政金融分典》和《经济综合分典》，共4000万字。

《中华大典·法律典》包括《法律理论分典》《刑法分典》《民法分典》《行政法分典》《经济法分典》和《诉讼法分典》，共4000万字。

《中华大典·教育体育典》包括《教育思想分典》《教育制度分典》和《体育分典》，共2500万字。

《中华大典·语言文字典》包括《甲骨文金文分典》《文字学分典》《音韵分典》《训诂分典》和《语言文字综合分典》，共2000万字。

《中华大典·文学典》包括《文学理论分典》《先秦两汉文学分典》《魏晋南北朝文学分典》《隋唐五代文学分典》《宋辽金元文学分典》和《明清文学分典》，共2000万字。

《明清文学分典》是《中华大典·文学典》6个分典中的一种，它包含5个分卷，每册都在1200多页。明清文学分典编纂难度最大，因为明清时期的材料太多，调查材料达到9亿字，最后成书1200万字，其中的取舍近1/80。可见这部大典只是对古籍中精品进行整理。《明清文学分典》辑录了明、清两个皇朝近600年（1368—1911年）历史有关文学的资料。这样的书历史上和《中华大典》同类的有清代出版的《古今图书集成》，它也有文学典的，总字数为600万，而《中华大典·文学典》有5000万字，后者的规模超过了前者的8倍。《明清文学分典》从明清时期近2000种古籍文献刻本中辑录出作家1500人，文学团体50家，明清时期编成的总集50种，它为读者提供了一般人难以寻觅的第一手研究资料。

《中华大典·艺术典》包括《书法分典》《音乐分典》《绘画分典》《工艺美术分典》《陶瓷艺术分典》《建筑艺术分典》《戏曲艺术分典》和

《艺术综合分典》，共2000万字。

《中华大典·历史典》包括《史学理论分典》《中国编年分典》《人物分典》《纪事分典》和《考古分典》，共5000万字。

《历史地理典》包括《中国历史地理分典》《地方志分典》《外国历史地理分典》和《历史地理综合分典》，共4000万字。

《其他社会学科典》包括《伦理学分典》《社会学分典》《人口学分典》《族谱学分典》《民俗学分典》和《妇女分典》，共3000万字。

《中华大典·工业典》包括《轻工化工手工分典》《食品分典》《建筑分典》《矿冶分典》和《工业综合分典》，共4000万字。

《中华大典·交通典》包括《陆路交通分典》《水路交通分典》和《交通综合分典》，共1000万字。

《中华大典·生物典》，由云南教育出版社承担出版任务，著名生物学家、中科院院士吴征镒先生任主编。全书约1500万字，由《植物分典》《动物分典》和《生物综合分典》组成，将汇编辛亥革命以前有关生物学方面的传统文化典籍。

《中华大典·农业典》下设综合、粮食作物、农具仓储、渔业、水利等11个分典，总字数4500万。

《中华大典·数学物理化学典》包括《数学分典》《物理分典》和《化学分典》，共2000万字。

《中华大典·天文地理典》包括《天文历法分典》《气象分典》《地质海洋分典》和《自然地理分典》，共1500万字。

《中华大典·医药卫生典》包括《医学分典》《药学分典》和《卫生学分典》，共5000万字。

《中华大典·农业水利典》包括《农业分典》《水利分典》《林业分典》《畜牧分典》《副业分典》和《渔业分典》，共4000万字。

《中华大典·语言文字典》总共约2500万字，由《文字分典》《音韵分典》和《训诂分典》3个分典组成，该项目从1994年开始启动。

《中华大典·文献目录典》包括《文献学分典》和《大典未收的辛亥革命以前古籍及古籍整理书目分典》，共3000万字。

中国历代汉文字古籍鸿篇巨制

自公元200年，三国魏文帝曹丕修撰中国第一部类书——《皇览》成书以来，近2000年来，中国古代编纂的类书约有1600多种。由此保存了大量的文化典籍，为传承中华文化发挥了重要作用。唐代的《艺文类聚》、宋代的《太平御览》、明代的《永乐大典》、清代的《古今图书集成》都是收集各类典籍的宏富之作。但因为受时代等局限，应收而未收的也不少。《中华大典》将博采群书，弥补以前类书的不足，并尽量收入经过整理的古籍版本和考古学成果以及散在国外的资料。

享誉后世的大型类书

我国古代类书之祖，当首推曹魏时的《皇览》。《皇览》是由魏文帝曹丕组织许多儒生编撰而成的，其中负责主要工作的有桓范、王象、缪袭等人。该书的宗旨及意图是"撰集经传"，即收集图书文籍。这种"采掇遗忘"的工作其实早自曹操就已经开始了。《皇览》的编撰原则是"随类相从"，即凡是同一类的内容都编在一起。作为一部大型的类书，《皇览》内容广泛，收罗丰富，包括了五经群书，共分40多部，每部数十篇，共1000多篇，总共800多万字，非常便于查阅相关资料。《皇览》一书的编辑，有利于文化事业的发展和文化遗产的保存，开了我国编纂大型类书的先河。后世的各种类书，大都沿袭《皇览》的体例格局，如《艺文类聚》《太平御览》等均是。可惜的是，《皇览》流传到唐代就失传了。

唐代官修类书有3部，即欧阳询等奉敕撰《艺文类聚》，许敬宗等奉敕撰《文馆词林》，徐坚奉敕撰《初学记》。私撰的有2部：虞世南撰《北堂书抄》和白居易撰《白孔六帖》。《艺文类聚》，唐高祖时编，100卷。该书从1400多种古籍中分类摘录，分岁时、政治、产业等48部，事实居前，诗文列后，内容丰富。其中征引的古代典籍，今多散佚，为我们保存了不少珍贵材料。《文馆词林》，唐高宗时编，1000卷，分类编纂自先秦到唐代各体诗文。原书北宋时已散佚，流传在日本的残本约有数十卷，其中大部分已重新传入我国。各残卷分别有《佚存丛书》《粤雅堂丛书二编》《古逸丛书》《适园丛书》等刻本。

宋代《太平御览》，1000卷。宋太平兴国二年（977年），李昉等人奉诏编修，历时8年而成。初名《太平总类》，由于宋太宗每天阅读3卷，"此书千卷，朕欲一年读遍"，故改题今名，又简称"御览"。此书分55门，各门之下又分若干类，有些类下又有子目，大小类目共计约5474类。《御览》征引古书1690余种，可见其不仅是一部重要的综合性资料工具书，而且是保存古代佚书最为丰富的类书之一。

明代《永乐大典》，22937卷，11095册，字数3亿7000万左右。明成祖永乐元年（公元1403）诏令大臣解缙编纂《文献大成》，次年竣工。永乐三年，再令重修，永乐六年修成，命名为《永乐大典》。此书篇幅浩繁，内容十分丰富，保留了不少古籍。可惜正本毁于明末，副本也在八国联军侵入北京时被洗劫，现仅存700余卷。

清代《古今图书集成》，全书共1万卷，目录40卷，原名《古今图书汇编》，与《四库全书》相似，是清朝康熙时期福建侯官人陈梦雷（1650—1741年）所编辑的大型类书。本书编辑历时28年，康熙四十五年书成，赐名《古今图书集成》。雍正时复命蒋廷锡等重新增删润色。原书分六编，三十四志，修订后的该书改为三十二典，6109部仍旧，共1万卷。该书是现存规模最大、资料最丰富的类书，为世界文化史上所罕见。

《四库全书》饱经沧桑

《四库全书》，清乾隆时编纂。1772年开始，经10年编成。它是中国古代最大的一部官修书之一，也是中国古代最大的一部丛书之一，分经、史、子、集四部。据文津阁藏本，该书共收录古籍3503种，79337卷，装订成36000余册，保存了丰富的文献资料。"四库"之名，源于初唐，初唐官方藏书分为经史子集四个书库，号称"四部库书"，或"四库之书"。经史子集四分法是古代图书分类的主要方法，它基本上囊括了古代所有图书，故称"全书"。清代乾隆初年，学者周永年提出"儒藏说"，主张把儒家著作集中在一起，供人借阅。这是编纂《四库全书》的社会基础。此外，《〈四库全书〉总目提要》又是一部重要的目录学著作。

《四库全书》完成至今的两百年间，中国历经动乱，《四库全书》也同样饱经沧桑，多份抄本在战火中被毁。《四库全书》成书后，誊缮七部，分藏于紫禁城内的文渊阁、盛京（今沈阳）宫内的文溯阁、北京圆明园的文渊阁、河北承德避暑山庄的文津阁、扬州的文汇阁、镇江的文宗阁和杭州的文澜阁。其中，文源阁本在1860年英法联军攻占北京，火烧圆明园时被焚毁，文宗、文汇阁本在太平天国运动期间被毁。杭州文澜阁藏书楼1861年在太平军第二次攻占杭州时倒塌，所藏《四库全书》散落民间，后由藏书家丁氏兄弟收拾、整理、补钞，才抢救回原书的四分之一，于1881年再度存放入修复后的文澜阁。文澜阁本在民国时期又有一次大规模修补，目前大部分内容已经恢复。因此《四库全书》今天只存3套半，其中文渊阁本原藏北京故宫，后经上海、南京转运至台湾，现藏台北故宫博物院（也是保存较为完好的一部）。文溯阁本1922年险些被卖给日本人，现藏甘肃省图书馆，近些年对这部书是否要归还沈阳，甘肃、辽宁两省一直未能达成一致。避暑山庄文津阁本于1950年代由中国政府下令调拨到中国国家图书馆，这是目前唯一一套原架原函原书保存的版本。而残缺的文澜阁本则藏于浙江省图书馆。

《赵城金藏》修复历时近17年

大藏经是佛教典籍汇编而成丛书的总名，是一部百科式的佛教全书。《赵城金藏》以宋代我国第一部木刻版汉文大藏经《开宝藏》的版式，于金皇统九年（1149年）前后开雕，大定十三年（1173年）前后工毕。因刻于金代，后被供养在山西省赵城县（今属洪洞县）广胜寺，每卷卷首又加刻广胜寺刊刻的《释迦说法图》，故被叫做《赵城金藏》，也简称为"赵城藏"。

1933年，一个名叫范成的高僧到山西洪洞县广胜寺考察。在广胜上寺弥陀殿，他对寺院收藏的5400多卷的经卷进行考察研究，其中发现了一部珍贵的藏经，当时没有人知道这部藏经是谁主持刻印的。1934年，南京国民政府又派遣一个名叫蒋唯心的人到广胜寺考察，前后40多天，他将这部藏经全部展阅一遍，经过多方面研究考证，最终认定这部藏经为金代刻印，并定名为《赵城金藏》。

1938年2月，日本侵略军占领赵城，广胜寺距最近的日军据点仅2千米。为防日军掠夺，广胜寺力空法师将《赵城金藏》砖砌封存于广胜寺飞虹塔内。1942年4月，日本政府派遣"东方文化考察团"到赵城活动，并扬言要在5月2日上飞虹塔游览。为了《赵城金藏》的安全，力空法师立即向八路军求助。在当时的太岳军区政委薄一波指示下，军分区、县游击大队和僧众配合，于4月27日夜紧急将《赵城金藏》运出。在接下来的5月反"扫荡"中，地委机关的同志背着经卷，在崇山峻岭中与敌人周旋。由于战斗频繁，行军携带不便，深恐散失，这些经卷被藏在山洞、废煤窑内，派人看管。1945年日寇投降后，此经交当时北方大学保管，北方大学校长范文澜派专人守护，年年晾晒。1949年北平解放后，《赵城金藏》运至北平，移交当时的北平图书馆（今国家图书馆）收藏。

　　《赵城金藏》是新中国成立后第一个由国家拨款的大型古籍整修项目。因为1949年4月30日，当4300多卷、9大包《赵城金藏》运抵北平时，人们难过地发现，由于多年保存条件恶劣，多数经卷潮烂断缺，粘连成块，十之五六已经不能打开。国家专门调来4位富有经验的装裱老师傅帮助修复，历时近17年，终于在1965年修复完毕。《赵城金藏》共有6980卷，6000多万字。今存4000余卷，全世界只此一部，因而被视为稀世瑰宝。

"211"和"985"工程
——国家高等教育重点建设工程

高等教育领域规模最大的建设工程

1993年2月，党中央、国务院正式发布《中国教育改革和发展纲要》，提出："要集中中央和地方等各方面的力量办好100所左右的重点大学和一批重点学科、专业"。1995年，经国务院批准，原国家计委、原国家教委、财政部发布《"211工程"总体建设规划》，并拨出专项资金实施"211工程"建设。同年，"211工程"作为教育战线唯一的国家重点建设项目列入"九五"计划，并开始实施。随后，1998年5月，中央又提出了"建设世界一流大学和高水平大学"，据此，国家决定对部分高等学校予以重点支持。世界一流大学建设项目（简称"985工程"）于1999年正式启动。

指导思想

一是面向21世纪，为我国第二、第三步战略目标的实现培养、输送和积聚高层次人才。

二是面向经济建设主战场，加强高等教育同经济建设的联系，努力解决国民经济建设和社会发展中的重大科技问题，满足我国社会主义现代化建设对高级专门人才的需要。

三是集中有限资金，重点建设一批基础条件较好的学校和重点学科，提高资金使用效益。

四是通过重点建设一批高等学校和重点学科点，带动其他学校，从而提高我国高等教育的教育质量、科研水平和办学效益，促进高等教育的改革和发展，使我国的高等教育在国际上占有一定位置，并探索出一条建设社会主义新型大学的新路子。

"211工程"——集中力量办一批重点高校

"211工程"自1990年开始酝酿。1990年6月，国家教委在制定全国教育事业十年规划和"八五"计划时，即研究了在"八五"期间集中力量办好一批重点高校的问题。当时提出在二到三个五年计划内，有计划地重点投资建成30所左右的高等院校。后考虑到要形成一批行业带头学校，经过多次研究，确定了到2000年前后，将重点建设的高等学校确定为100所左右，并要求将此事当作面向"21世纪"的大事来抓。这项发展高等教育的重要措施开始简称为"211计划"，后来确定为"211工程"。

1991年4月，重点办好一批大学和一批重点学科点被列入七届人大四次会议批准的《国民经济和社会发展十年规划和第八个五年计划纲要》。

1991年12月，国家教委会同有关部门就"211工程"问题向国务院和有关领导做了专门报告。1992年8月26日，国务院第111次常务会议纪要明确提出："会议原则同意教委和有关部门提出的要面向21世纪，重点办好一批（100所）高等院校的211工程规划意见。"

1992年10月29日，中央政治局常委会议由中共中央总书记江泽民同志主持，讨论了《中国教育发展与改革纲要》（草案）。常委们认为，"纲要"提出要办好100所重点大学，这很重要，把这些高校办好可以把整个高等教育带动起来。

1993年1月，国务院批转了国家教委《关于改革和积极发展普通高等教育的意见》，文件中明确了"211工程"的建设目标。

1993年2月13日，党中央、国务院正式发布《中国教育改革和发展纲要》，其中明确指出："要集中中央和地方等各方面的力量办好100所左右重点大学和一批重点学科、专业。"

1993年7月，国家教委发出《关于重点建设一批高等学校和重点学科点的若干意见》，决定设置"211工程"重点建设项目，即面向21世纪，重点建设100所左右高等学校和一批重点学科点，1994年5月开始启动部门预审。

"985工程"——建设世界一流大学之路

"985工程"是我国政府为建设若干所世界一流大学和一批国际知名的高水平研究型大学而实施的建设工程。1998年5月4日，江泽民同志在庆祝北京大学建校100周年大会上向全社会宣告："为了实现现代化，我国要有若干所具有世界先进水平的一流大学。"为贯彻落实党中央科教兴国战略和江泽民同志的号召，1999年，国务院批转教育部《面向21世纪教育振兴行动计划》，决定重点支持北京大学、清华大学等部分高等学校创建世界一流大学和高水平大学，简称"985工程"。2004年，国务院批转教育部《2003—2007年教育振兴行动计划》，决定继续实施"985工程"，努力建设若干所世界一流大学和一批国际知名的高水平研究型大学。

"985工程"建设的总体思路是：以建设若干所世界一流大学和一批国际知名的高水平研究型大学为目标，探索建立高等学校新的管理体制和运行机制，抓住机遇，集中资源，突出重点，体现特色，发挥优势，着重提高高等学校的科技创新能力和国际竞争能力，走有中国特色的建设世界一流大学之路。

"985工程"建设任务主要包括机制创新、队伍建设、平台和基地建设、条件支撑和国际交流与合作五个部分。机制创新，要坚持改革和创新，深化高等学校内部管理体制和运行机制改革，以适应世界一流大学建设的需要。队伍建设，要造就和引进一批具有世界一流水平的学术带头人和创新团队，加快建设一支具有世界一流大学水平的教师队伍、管理队伍和技术支撑队伍。平台和基地建设，要紧密结合国家创新体系的建设，以国家目标为导向，瞄准世界先进水平和国家重大需求，重点建设一批创新平台和创新基地，促进一批世界一流学科的形成，使之成为攀登世界科技高峰、解决重大理论和实践问题、带动相应学科领域发展的重要基地，使高等学校成为国家创新体系的重要力量，增进国家核心竞争力。条件支撑，要建设公共资源与仪器设备共享平台，建设配置合理、设施完备的教学科研用房，继续改善所建高校的教学科研基础设施。国际交流与合作，要加强与世界一流大学或学术机构开展实质性合作，推动中国高等教育国际化进程。

"985工程"一期建设在我国启动了世界一流大学和高水平研究型大学的建设，探索和积累了经验，奠定了一定基础。

"985工程"二期建设目标是：巩固一期建设成果，为创建世界一流大学和一批国际知名的高水平研究型大学进一步奠定坚实基础，使一批学科达到或接近国际一流水平，经过更长时间努力，建成若干所世界一流大学。

目前，"985工程"二期建设进展顺利。"985工程"学校坚持以人为本，广纳贤才，把师资队伍建设作为学校工作的重中之重，不断加强对人才工作的领导，全面实施"985工程"二期建设人才队伍建设计划：以国际科技前沿和国家重大需求为导向，以突出特色、实现跨越式发展为宗旨，围绕经济建设和社会发展中的重大问题，建设平台和基地共计372个，其中Ⅰ类基地76个，Ⅱ类基地38个，Ⅰ类平台86个，Ⅱ类平台172个；围绕公共服务体系、公共基础设施和实验室等内容进行了一系列的条件支撑建设；深入贯彻实施全方位、开放式发展战略，不断扩大学校的对外开放，丰富国际合作交流的内容，坚持务实、高效和长久的合作，逐步提升国际化水平；通过管理体制创新，运行机制创新，积极探索世界一流大学建设的新机制。

"985工程"一期建设，安排中央专项资金142亿元；"985工程"二期建设，安排中央专项资金191亿元。

"211工程"和"985工程"成效显著

国家对"211工程"和"985工程"的建设，直接投入了大量资金，并带动了部门和地方政府的相关资金投入，重点建设起了一批重点院校和重点学科，有预见性地为中国提高综合国力和国际竞争力构筑了前沿阵地。

两个工程的建设大大改善了高等学校办学条件，提高了办学整体实力。仅"211工程"第一期，进入"211"的高校就新建了300多万平方米的教学、科研用房；用于仪器设备的经费投入，已接近新中国成立以来这些高校用于仪器设备经费投入的总和。

通过共建、调整、合作、合并的途径，形成了一批高水平综合大学，调整和优化了学校的学科结构和学科方向，加强了学科的综合性，促进了一些交叉和边缘学科的发展。各校推出了吸引国内外高层次人才和提高师资队伍素质的举措，凝聚了一大批国际知名专家、学者和高水平师资，提高了高层次创造性人才的培养质量，取得了一批具有标志性、突破性和对经济社会发展具有重大意义与推动作用的重大成果。

一批重点学科的科研实力明显增强，在国际学术界的影响力和知名度不断提高，国际交流与合作的领域更加广阔，学术交往更加活跃，已成为国家知识创新、技术创新和高层次人才培养的主要基地。

与国家实验室、国家重点实验室、国家工程研究中心、国家工程技术研究中心等国家创新平台建设计划有机衔接的"985工程"科技创新平台建设，以及哲学社会科学创新基地建设也初见成效。

"211工程"高校才有资格获得985创新平台

为建设创新型国家、加快推进社会主义现代化建设，国务院决定建设"985工程优势学科创新平台"项目（官方也称"特色985工程"，民间俗称"小985工程"），由教育部和财政部共同负责。

"985工程优势学科创新平台"项目高校从属于"211工程"建设的学校，但不属于"985工程"建设的学校。"985工程优势学科创新平台"建设项目的主要任务是以国家和行业发展急需的重点领域和重大需求为导向，围绕国家科技发展战略和学科前沿，在行业特色型大学的全国顶尖的优势学科重点建设一批优势学科创新平台，从而大力提高建设学科的科技创新能力和解决经济社会发展的重大问题的能力，打造一批世界一流学科群。

"985工程优势学科创新平台"是985工程大体系的一部分，已经列入《国家中长期教育改革和发展规划纲要》，作为国家重点工程长期实施。由于平台建设方式和985工程平台相同，所以称为"985工程优势学科创新建设平台"，简称"特色985工程"。"特色985工程"大学基本上是没有经历过合并重组的行业特色型大学，学科精度极高，拥有一至两个全国顶尖的学科，在行业内认可度极高，具有深厚的行业底蕴和学科积淀。目前，只有国家中央部委直属的"211工程"高校才有资格获得985平台。

"211工程"带头示范作用

"211工程"只选择了部分学校和部分重点学科作为实施的对象，目的是为了通过这些学校和重点学科的建设发展，起到带头示范作用，从而带动全国所有高校和所有学科的全面快速发展。事实上，经过10余年的建设，"211工程"取得了重大的成效。

建设目标

"211工程"的建设目标是经过10年或者更长一段时间的努力，使相当一批高等学校和重点学科能够成为培养高层次专门人才和解决国家经济建设、社会发展重大科技问题的基地。整体在教育质量、科学研究和管理等方面处于国内一流水平，并有一定的国际影响。其中若干所高校和部分重点学科点达到或接近世界先进水平。基本形成适应社会主义现代化建设需要、结构布局合理、水平较高、各具特色的重点学科点和示范带头学校，建立适应社会主义市场经济体制和政治、科技体制改革需要的高等教育新体制。

为了提高高等学校的教育质量、科研水平、管理水平和办学效益，有关高校要努力建设一支有良好政治业务素质、结构合理、相对稳定的教师队伍，造就一批学术造诣在国内外有一定影响的学术带头人和骨干教师；要加强思想政治教育工作，全面提高学生的素质；要调整学科、专业结构，加强学科建设，深入进行教学改革，使之更好地适应经济建设和社会发展需要；要较大幅度地改善仪器设备、信息情报图书、通信等办学物质条件，加强实验室建设，明显增强科研实力；要吸取国外先进经验，增强国际交流，扩大国际影响。有关部门要为重点建设的高等学校提供优惠政策，进一步扩大学校的办学自主权，加速形成学校主动适应社会需要，自我激励、自我发展、自我约束的运行机制。

"211工程"建设的主要内容包括三个部分：一是100所左右的高等学校，二是一批重点学科点，三是高等教育公共服务体系。在这里，学校整体建设是基础；重点学科建设是核心，是体现教学、科研水平的重要标志，是带动学校整体水平提高的有效途径；高等教育公共服务体系以重点建设的学科为依托，按照资源共享、服务全国的原则，从整体上加强我国高等教育基础设施建设，提高高等学校的办学水平和办学效益。"211工程"的高等教育公共服务体系，主要包括有中国教育和科研计算机网络的建设，以及文献资源各个学科的合理布局和保障体系、科技情报咨询体系、高层次教育管理信息系统、大型和精密仪器设备的合理配置及资源共享体系等。

实施"211工程"，是中国政府推进高等教育发展，促进高等教育与经济社会发展相适应的一项重要措施。这一工程的实施旨在为我国经济和社会发展战略培养高层次人才，对提高国家高等教育水平，加快国家经济建设，促进科学技术和文化发展，增强综合国力和国际竞争能力，实现高层次人才培养基本立足于国内具有极为重要的意义。

10余年建设取得重大成效

根据教育部的安排，"211工程"的实施主要分为以下几个阶段：学校申报、部门预审、预备立项、正式立项、项目实施和验收。作为大规模的高等教育建设项目，"211工程"在我国教育史上还是第一次，也是投入财力、物力最多的一次。它体现了党和国家对高等教育事业的高度重视。

"211工程"的建立和发展始终得到了党中央和国务院的亲切关怀。党和政府对"211工程"建设的关心和指导，为"211工程"建设指明了方向，保证了"211工程"建设健康顺利的发展。

"211工程"的实施，为我国建设若干所世界一流大学和一批世界一流学科发挥了重要作用，有力地推动了我国高等教育发展和高等教育质量的提高。10多年来，通过这些重点建设项目的实施，我国高水平大学建设成效显著，主要表现在以下几个方面。

学校整体实力提升

经过10多年建设，我国高水平大学的人才培养、科学研究、社会服务能力都有了很大提高，其中研究生培养能力提高了5倍，科研经费增长了7倍，SCI（Scientific Citation Index，美国科学信息研究所编辑出版的引文索引类刊物）论文发表数增长了近7倍，具有博士学位的教师增加了近5倍，仪器设备总值增长了4倍。一批高水平大学与世界一流大学的差距明显缩小。成功探索了发展中国家如何从国情出发，集中力量、突出重点建设高水平大学之路。

接近国际先进水平

学科建设取得重大成效，少数学科接近国际先进水平。紧扣国家经济社会发展重点领域，在国家统筹规划下，创新学科建设模式，重点建设了一批基础学科、应用学科和哲学社会科学学科，使高水平大学的学科水平得到较大提高，一批重点学科实力明显增强，成为解决国家重大科技问题和培养高层次人才的基地。按国际可比指标SCI论文发表数统计，有40多个学科已接近国际先进水平。其中2005年，清华大学材料科学学科SCI论文发表数排在世界大学第2位，SCI论文被引用次数列世界大学第14位；北京大学化学学科SCI论文发表数及论文被引用次数也进入了世界前列。

提升创新能力

高水平大学随着学科水平的显著提升，学校的创新能力和社会服务能力也明显增强，产生了一大批标志性成果，为国家经济社会发展做出了重要贡献。以"211工程"学校为例，"211工程"学校承担了全国1/2的国家自然科学基金项目和国家重点基础研究发展计划（973计划）项目，1/3的国家高技术研究发展计划（863计划）项目。10多年来，获得国家科技三大奖（国家自然科学奖、国家技术发明奖和国家科学技术进步奖）一、二等奖的数量占全国的1/3。为各级政府部门提供了一大批有重要价值的决策咨询报告。并积极主动地以各种方式服务于经济建设、社会发展和国家安全，为各行各业的发展提供了有力的技术支撑和智力支持。

带动教育水平

高水平大学在不断提升其办学水平的同时，对其他高等学校的发展起到了巨大的带动辐射作用，从而促进了我国高等教育总体水平的提高。在"211工程"建设中，立足国情，从实现资源共享，带动高等教育整体发展的思路出发，通过10年建设，从无到有，初步构建了中国独有的高等教育公共服务体系，为及时了解世界学术信息，共享学术资源，促进高等教育提高水平提供了有力的条件支撑。同时也推动了高等学校转变资源建设观念。

提高影响力

通过10余年建设，中国"211工程"在国际高等教育界也产生了积极的影响，越来越多发达国家的高校和研究机构纷纷与"211工程"学校建立联合科研机构，加强学术和技术合作，提升了合作、交流的深度和层次。目前，已有英国、法国、德国等27个国家和地区与我国签署了相互承认学历和学位的政府间协议。"211工程"的建设思路和成功经验已引起了国际高等教育界的普遍关注，近年来，一些发达国家纷纷推出了与"211工程"类似的建设高水平大学的专项计划。中国"211工程"已经成为国际高等教育界认可的中国高等教育优质品牌，极大地提高我国高等教育的国际地位和影响力。

我国现有普通高等学校1700多所，"211工程"学校仅占其中的6%，却承担了全国4/5的博士生、2/3的硕士生和1/2的留学生的培养任务，拥有85%的国家重点学科和96%的国家重点实验室，占有70%科研经费。可以说，这些学校在我国高等教育中具有举足轻重的作用。

"985工程"实践进入前所未有的阶段

2009年10月9日，一流大学建设系列研讨会2009年会议在西安交通大学举行。该系列研讨会从2003年开始，到2009年已是第七届了。然而，因为"九校联盟"（简称"C9"）在这次会议上的诞生，人们都将其誉为"对我国高等教育发展具有重大影响"的一次会议。该联盟的成员是我国9所首批"985工程"建设高校，即北京大学、清华大学、浙江大学、复旦大学、上海交通大学、南京大学、中国科学技术大学、哈尔滨工业大学、西安交通大学。9校一致同意按照"优势互补，资源共享"原则，签订《一流大学人才培养合作与交流协议书》，共同培养拔尖人才。

"九校联盟"发挥示范与引领作用

这一协议的签订使人们不禁联想到美国常春藤、澳大利亚"G8"这样的高校联盟平台。尤其是美国东部8所历史悠久大学组成的"常春藤联盟"，不仅在美国家喻户晓，在世界上也是声誉极高，是学习拔尖、特长突出学生梦寐以求的求学场所。而此次中国9所高校的强强联合，标志着中国一流高校的发展进入前所未有的崭新阶段。

根据协议书，"九校联盟"将不断加强深层次合作与交流，充分利用优质办学资源，优势互补，发挥人才培养中的示范与引领作用，其主要内容有：

实施本科生交流和研究生联合培养。在本科生层面主要开展课程学分互认和学生第二校园学习交换，交换学生可以在另一学校进行一学期或多学期的学习，9校互相承认交换生在他校学习和交流期间取得的课程成绩与学分。在研究生层面，依托各校的优势学科设立若干个学科培养平台项目，作为校际互访研究平台，面向9校研究生接受申请，获准者可进行为期半年或更长时间的访学研究。9校互认访学期间在他校取得的课程成绩与学分。

联合举办系列暑期学校，打造国际知名的"C9"教育品牌。依托各自的优势学科，充分利用9校教师和学科的优质资源，联合举办系列暑期学校，为国内外本科生、研究生和青年学者开设课程和专题讲座；加强与美国常春藤学校联盟、澳大利亚"G8"等大学组织的交流与合作，扩大"C9"的国际影响。

联合开展教材建设、教学与教改研究；联合建立和发布以精品课程为骨干的学分互认课程目录；联合建立共享的远程教育平台，进行远程学习。

建立人才培养对口部门定期交流机制，进行相互间交流、学习和借鉴。每年分招生、培养、学位和学籍、培养机制改革4个模块各召开一次研究生院业务交流研讨会，并召开一次本科教务管理部门的主要负责人会议，由9校相关部门轮流举办。

联合开展青年教师教学能力和青年导师队伍培训工作。

设立9校合作联盟专门网站，建立9校间博士学位论文网上相互评审系统，共同提高博士研究生的培养质量。

联合举办以同专业本科生为主参加的联合野外考察、联合生产实习、联合设计实习、联合社会调查等各种专业实践和社会实践活动。

积极推动研究生培养机制改革，引领我国高水平研究生培养同世界一流大学接轨。

"九校联盟"开启人才培养新局面

由协议书的内容可以看出，"九校联盟"无疑开启人才培养新局面，在今后我国的人才培养中起到示范与引领作用。

当前我国高校人才培养虽然成绩卓著，却也仍有一些瓶颈。这次会议9所高校校长所做的主题发言，对此都有议论。

时任北京大学校长周其凤表示，北大一份调查显示，83%的学生对跨学科学习感兴趣。就此，北大建立了跨院系的培养体系，注重对学生全面素质的培养。那么，从"九校联盟"协议来看，今后，不仅北大，9所高校的学生将因为"交换生"这一新角色在9校中的出现，而实现更好地跨学科，并且可以跨学校学习。交换生，这个以往只存在中外高校间的名词，今后将扩展到国内高校之间。当"九校联盟"高校中的本科学生想选修联盟中另外一所大学某一门课的时候，他只要向对方大学的教务处提出申请，对方大学根据学生的人数等因素考虑回复其申请，申请通过，学生就可以到对方大学学习，修满学分以后，再回原来的大学，原来的学校将承认他的课程成绩与学分。

时任清华大学校长顾秉林提出国内大学的一些误区：一些教师对用人的考虑超过育人，一些学生对学位的追求超过学问，一些学校干部保官、升官的心思超过治理和改革，学校的一些决策对短期资源的渴望超过对长远育人的考虑；从"九校联盟"协议来看，联盟将对教师形成促进作用，比如某所大学的某一门课老师教得不是很好，就会有很多的学生去申请9所高校中这门课开的最好的老师，这会给教这门课的老师带来压力，从而促进其改进。

"九校联盟"立意创世界一流大学

不得不承认，建设世界一流大学是9所"985"高校必须奋进的目标。"九校联盟"立意也在于此。

"九校联盟"将给学生提供广阔的求学平台，并将促进教师交流，提高教学质量。同时，联盟也让各高校领导人脑中的独特想法有了实现的可能。比如建立起数字化快速通道；定期进行校长远程战略研讨会；共享名师和优秀网络课程资源等，以此达到合作共赢的目的。

顾秉林认为，中国高等教育的百年，一直在探索中国特色的高等教育现代化道路。现在，大学越来越深入参与到社会发展进程中，大学定位于社会的关系需要更新，大学培养人的理念和方式也需要更新，大学必须提高效率、突出个性、形成竞争优势。

　　上海交通大学校长张杰表示，"九校联盟"绝不是简单模仿美国，建立所谓中国式的"常春藤联盟"。就像中国经济的发展走出自己特色一样，"九校联盟"也有自己的特色和节奏。"常春藤联盟"始于体育精神的共享，哈佛、耶鲁等8所学校最开始是进行学校之间的体育竞赛，时间长了以后，形成了"常春藤联盟"，这是其特色。中国"九校联盟"的特色，在于我们认为中国的高等教育发展到这样一个地步，需要综合几所类似大学的力量，互相交流，互相取得经验，逐渐地用共同的努力创造我们中国办世界一流大学的经验，同时创造我们大学的精神。

　　另一方面，"九校联盟"也符合当前世界高等教育发展的潮流。相关专家表示，从世界高等教育发展来看，大学之间联盟，通过资源共享，可以给学生创造更好学习的可能性，同时也促进校际之间交流，更好地利用优质高等教育资源。从这些优点来看，高校联盟有可能发展成为未来高校办学的一个趋势，也可能成为中国高等教育的发展方向。

夏商周断代工程——确立中国古代文明的科学依据

夏商周三代的年代学标尺

1985年9月，尼克松访问中国时曾说过这样一段深情的话："我怀着激动的心情来参观中国的过去，也有机会看到中国的现在，而且意识到未来中国的潜在力量。中国是一个神秘的地方，来一百次也不能对它进行全面的了解。"中国及整个东方世界的神秘，不但一个外国人无法全面了解，即使是祖祖辈辈生活在这块土地上的人们，也难以全面了解和诠释。当年孙中山倡导启用的皇帝纪元，由于政治界、知识界在中国历史纪年问题上难以达成共识，各路门派的有志之士与无知之辈在相互吵嚷攻击了一段时间之后，最后把这个皇帝纪年搞成"没有"，方才罢休。

夏商周断代工程简介

夏商周断代工程于1996年启动，是国家"九五"科技攻关重点项目。该工程将自然科学、社会科学和人文科学的研究手段和研究成果相结合，设置9个课题44个专题，组织来自历史学、考古学、文献学、古文字学、历史地理学、天文学和测年技术学等领域的170名科学家进行联合攻关，旨在研究和排定中国夏商周时期的确切年代，为研究中国5000年文明史创造条件。目前，已有《夏商周断代工程1996—2000年阶段成果报告》出版。

中华文明具有悠久的历史，然而真正有文献记载年代的"信史"却开始于西周共和元年（公元前841年，见于《史记·十二诸侯年表》），此前的历史年代都是模糊不清的。司马迁在《史记》里说过，他看过有关黄帝以来的许多文献，虽然其中也有年代记载，但这些年代比较模糊且又不一致，所以他便弃而不用，在《史记·三代世表》中仅记录了夏商周各王的世系而无具体在位年代。因此共和元年以前的中国历史一直没有一个公认的年表。

第一个对共和元年以前中国历史的年代学作系统研究工作的学者是西汉晚期的刘歆。刘歆的推算和研究结果体现在他撰写的《世经》中，《世经》的主要内容后被收录于《汉书·律历志》。从刘歆以后一直到清代中叶，又有许多学者对共和元年以前中国历史的年代进行了推算和研究。这些工作都有一定的局限性，因为他们推算所用的文献基本上不超过司马迁所见到的文献，所以很难有所突破。晚清以后情况有些变化，学者开始根据青铜器的铭文作年代学研究，这就扩大了资料的来源。1899年，甲骨文的发现又为年代学研究提供了新的材料来源。进入20世纪后，中国考古学的发展又为研究夏商周年代学积累了大量的材料。

夏商周断代工程研究背景

事实上，中国古代纪年，在庙堂和坊间就争论了2000多年，尤其是中国文明形成特色、走向繁荣的重要转折时期的夏、商、周三代年代学的勘定，更是争论不休，难有定论。当年孔子作春秋时，就曾战战兢兢地认为没有把握，并产生了"知我者春秋，罪我者春秋"的感慨。而更早的夏代和商代，在后世子孙的心中已经很遥远了，遥远得如同朦胧的夜空中隐去的星尘，只留下了一片迷惘和混沌。面对这一独特的历史问题，后世有不少极端的疑古派学者，在"不能全面了解"的同时，干脆放言：中国历史上的三皇五帝、夏、商、西周三代根本不是可信的历史，而只是一种传说或神话，有的只是一点口头上传下来的史影罢了。

疑古派们之所以悍然对中国古代历史史实大胆怀疑和全盘否定，自有历史记录的缺憾所在。继司马迁之后的2000多年来，对于中国文明历史的探索，成为历代学者和仁人志士所追寻的科学理想和伟大志向。每逢盛世，庙堂民间，就有人站出来为中国古代史的研究作出努力和贡献，其中不少鸿学硕儒为此耗尽了一生的精力和心血。无数历史学家、自然科学家，如班固、刘歆、皇甫谧、僧一行、邵雍、金履祥、顾炎武、阎若璩、梁启超、章鸿钊、刘朝阳、董作宾、唐兰、陈梦家、张钰哲等代代贤哲，从古代流传下来和不断发现的文献、甲骨文、金文、天文记录等透出的或明或暗的蛛丝马迹中，对东周之前的史实作了无数次论证与推断，但由于历史本身的纷繁杂乱以及研究条件所限，总是难以如愿。也就是说，司马迁当年所推定的共和元年（公元前841年），其以前的历史纪年依然是迷雾重重，难以廓清。中国5000年文明的链条，特别是自黄帝以来至夏、商、西周三代的确切纪年，便成为最撩人心弦、催人遐想的千古学术悬案。

1996年5月启动的国家"九五"重点科技攻关项目——夏商周断代工程，向流传千年的学术难题发起冲击，经过历史学、考古学、天文学和科技测年学等不同学科门类的200余名国内一流专家、学者近5年的不懈努力，终于解决了一批历史纪年中长期悬而未决的疑难问题，廓清了遗留千古的学术迷雾，填补了中国古代纪年中最令人迷惘的一段空白。这是新中国成立以来中国古代文明史领域最为重大的研究成果，这项成果在弥补了中国古代文明史研究领域一个巨大缺憾的同时，也使2000多年来历代鸿学硕儒对三代纪年探寻的理想和求索的火种得以延续。

确立中国5000年历史的重要支柱

四大古代文明即古代埃及的文明、美索不达米亚两河流域的文明、印度的文明和中国的文明，都是世界上最早独立起源的文明。而中国的文明是唯一延续不断至今的文明，中国的编年史，应该是世界上最长、最完整的编年史。这样的情况和条件是其他任何一个文明所没有的，也是当前学习和研究中国历史文化值得引以为豪的。可是，我们的编年史只能推到公元前841年。究竟我国5000年的文明史在年代学上应如何论证以得出结论，却并不是很清楚。

二十四史的第一部《史记》里有年表。《史记》是汉代司马迁所著，它的年表是从后往前推，有《六国年表》，还有《十二诸侯年表》。《十二诸侯年表》就是从西周共和元年排起，每一年的大事都有记载，十分清楚，毫无疑问。可以从现在开始，一年一年往上推，直到公元前841年而没有任何缺坏。文献中记载的天象，如日食，也都对得上号。因此，十分可信，绝无疑问。但共和元年以前就不行了。共和元年以前也有许多文献记载，司马迁在著《史记》时看了不少，但彼此不同，互相矛盾，他无法将这些彼此矛盾的记录统一，只得存而不论。

秦始皇焚书坑儒，烧掉很多书，增加了查资料的困难，或许，有许多书完全绝迹了，现在根本无法看到这些文献，否则现在的古史年代学就没有这么困难。

到了近代，讲究科学的国内外学者，对中国的古代史产生了强烈的怀疑。因为年代都说不清楚，再加上古代的传说和神话，这些历史究竟可靠不可靠呢？中国到底有没有5000年的文明史？五四运动以后，20世纪20~30年代，我国一些著名历史学家从根本上持怀疑态度，人称"疑古派"。这就造成对中国古代很长一段文明史得不到承认。我们国家的博物馆里，对公元前841年以前的历史就没有年表。其实，古埃及和古印度的文明也都是从17、18世纪以后，随着考古学的产生和发展才逐渐被确立起来的。它们原来史书的记载也并没有中国历史记载那样详细。可是，他们通过考古学和古文字学的研究和发展，逐渐建立起一个年代学系统，就为其文明的确立获得了科学的依据。所以，运用现代的研究手段，给中国古史年代学建立一个比较好的年代学系统是非常必要的，这对于确立我们5000年的文明史是一个必要的支柱。

中华民族的探源工程

夏商周断代工程是一项史无前例的文化工程，被学术界誉为"中华民族探源工程"，是一个用自然科学与人文社会科学相结合的方法，来研究中国历史上夏、商、周三个历史时期年代学的科学研究项目，是一个多学科交叉联合攻关的系统工程。今天，就像说到中华文明，不能不提到古都洛阳一样，说到中华5000年文明史，就不能不提到夏商周断代工程。

夏商周断代工程立项过程

1995年秋，原国家科委（今科技部）主任宋健邀请在北京的部分学者召开了一个座谈会，会上宋健提出并与大家讨论建立夏商周断代工程这一设想。

1995年底，国务院召开会议，成立了夏商周断代工程的领导小组，领导小组由国家科委、自然科学基金会、科学院、社科院、国家教委（今教育部）、国家文物局、中国科协共7个单位的领导组成，会议聘请了历史学家李学勤、碳十四专家仇士华、考古学家李伯谦、天文学家席泽宗作为工程的首席科学家。

1996年春，夏商周断代工程组织了一个由不同学科的21位专家形成的专家组，并拟定了夏商周断代工程可行性论证报告。可行性论证报告在1996年5月得到了通过。

1996年5月16日，国务院召开了会议，正式宣布夏商周断代工程开始启动。这一科研项目，涉及历史学、考古学、天文学、科技测年等学科，共分9个课题，44个专题，直接参与的专家学者达200人。

为保证夏商周断代工程研究工作如期完成，由原国家科委、国家自然科学基金会、国家文物局、中科院共同安排经费900万元人民币，另由财政部自1996年至1999年，每年拨款100万元支持。

"工程"在制定目标时，按照由近及远的路线，提出了详略不等的要求，具体如下：

1. 西周共和元年（公元前841年）以前各王，提出比较准确的年代。

2. 商代后期武丁以下各王，提出比较准确的年代。

3. 商代前期，提出比较详细的年代框架。

4. 夏代，提出基本的年代框架。

"工程"的研究途径是：

由历史学、考古学、天文学和测年技术等学科的专家、学者联合研究，并遵循下列三个步骤：

1. 对传世文献和甲骨文、金文等古文字材料进行搜集、整理、鉴定和研究，对有关的天文历法记录通过现代天文计算推定其年代。

2. 对有典型意义的遗址、墓葬资料进行整理和分期研究，并作必要的发掘，取得系列样品，进行常规和AMS（加速器质谱计）的碳十四（碳的一种具有放射性同位素）年代测定。

3. 对各课题通过以上两条以及其他途径得出的结论进行综合，使研究进一步深化，得出尽可能合理的年代学年表。

有了以上三条大的途径，接下来就是对课题和专题的设置。由于这是一个既宽泛又具体的问题，所以在设置时让4位首席科学家颇费了一番脑筋。

经过反复斟酌思量，"工程"决定突破以往的思维方式和研究方法，用全新的角度，采用一种风险较大，但明显有利于学科交叉研究的方案，对课题、专题予以设置。

《夏商周年表》

2000年11月9日，夏商周断代工程正式公布《夏商周年表》。根据这份年表，我国的夏代始年约为公元前2070年；夏商分界约为公元前1600年；盘庚迁殷约为公元前1300年；商周分界为公元前1046年。年表还排出了西周10王具体在位年，排出了商代后期从盘庚到帝辛（纣）的12王大致在位年。夏商周断代工程公布的年表如下：

朝代	在位各王（及年代）
夏（公元前2070—前1600年）	禹、启、太康、仲康、相、后羿、寒浞、少康、予、槐、芒、泄、不降、扃、廑、孔甲、皋、发、癸（桀）
商前期（公元前1600—前1300年）	汤、太丁、外丙、中壬、太甲、沃丁、太庚、小甲、雍己、太戊、中丁、外壬、河甲、祖乙、祖辛、沃甲、祖丁、南庚、阳甲、盘庚（迁殷前）

商后期（公元前1300—前1046年）	盘庚（迁殷后）公元前1300年 小辛 在位50年 其他不详 小乙 公元前1251年 其他不详 武丁 公元前1250年—前1192年 在位59年 祖庚 不详 祖甲 不详 廪辛 公元前1191年 其他不详 在位44年 康丁 不详 武乙 公元前1147年—前1113年 在位35年 文丁 公元前1112年—前1102年 在位11年 帝乙 公元前1101年—前1076年 在位26年 帝辛（纣）公元前1075年—前1046年 在位30年
西周（公元前1046—前771年）	武王 姬发 公元前1046年—前1043年 在位4年 成王 姬诵 公元前1042年—前1021年 在位22年 康王 姬钊 公元前1020年—前996年 在位25年 昭王 姬瑕 公元前995年—前977年 在位19年 穆王 姬满 公元前976年—前922年 在位55年 共王 姬繁扈 公元前922年—前900年 在位23年（共王当年改元） 懿王 姬囏 公元前899年—前892年 在位8年 孝王 姬辟方 公元前891年—前886年 在位6年 夷王 姬燮 公元前885年—前878年 在位8年 厉王 姬胡 公元前877年—前841年 在位37年 共和 公元前841年—前828年 在位14年（共和当年改元） 宣王 姬静 公元前827年—前782年 在位46年 幽王 姬宫涅 公元前781年—前771年 在位11年

填补中国古代文明研究的一大空白

  2000年11月9日，夏商周断代工程正式公布的《夏商周年表》，把我国的历史纪年由西周晚期的共和元年，即公元前841年，向前延伸了1200多年，弥补了中国古代文明研究的一大缺憾。夏商周断代工程不仅解决了我国历史纪年中一批长期未定的疑难问题，还填补了其中的一段空白。

夏商周断代工程的影响

夏商周断代工程使我国5000年文明史上最重要时期——三代的年代学研究得到了进一步科学化和量化，解决了许多千百年来遗留下来的悬案，意义是深远的。从思想史角度看，"工程"对于增进民族自豪感，弘扬爱国主义精神，加强全国人民的凝聚力，起到了不可估量的作用。从学术史角度看，"工程"促进了人文社会科学的繁荣，对21世纪相关学科发展产生了积极影响。

一、在年代学方面

夏商周工程以追寻中华文明起源为最终目标。"工程"所建立的三代年代学框架，为三代文明史的建立奠定了最可靠的基础。过去，史学界由于疑古思想的影响，曾经一度不敢理直气壮地谈论三代文明史，在国外，至今仍有论者谈中国文明史只从商代开始。自从20世纪20年代考古学在中国兴起，黄河上下、大江南北发掘出了大量有关夏商周三代文明的遗址和遗物，极大地开阔了人们的视野，学者们认识到，对三代文明必须作重新估价。如今，夏商周断代工程已建立起了三代年代学标尺，则三代文明的真实图景也越来越清晰。在此基础上，便可进一步对中华文明的起源，即历史学上所谓的五帝传说时代，考古学上所谓的龙山时代，作全面的探讨。中国古文明研究的步伐，因此而迈得更快，中国文明史因此而翻开了新的一页。

二、在文学方面

夏商周断代工程为了解决武王伐纣年代和西周列王年代的问题，特设了"先周文化的研究与年代测定"专题，对周武王以前的周人活动范围进行了探索，对陕西泾水流域的碾子坡遗址（从公刘到古公亶父），渭河流域的郑家坡遗址、王家嘴遗址、丰镐遗址等（古公亶父至文王、武王），进行了发掘和研究，为先周族的起源发展历程提供了一个考古背景线索。这为从事周族诗史研究无疑具有积极的意义。

在《诗经·商颂》和《楚辞·天问》中，有许多关于商族发祥发展的记载。对这部分文学作品的理解，也必须借助上述对先商族的活动空间和时间跨度的全面把握。总之，夏商周断代工程对促进先秦文学研究的科学性方面，具有积极作用。

三、在民俗文化学方面

夏商周断代工程在考古学、甲骨学、青铜器学方面做了较多的工作。这些研究为先秦民俗文化学研究提供了新资料，也提出了新问题。例如，"工程"在进行西周金边文历谱研究时，对青铜器铭文中的"初古"一词的含义进行了热烈的讨论，这实际已涉及了先秦民俗文化方面的问题。

规格之高、规模之大前所未有

当时参与夏商周断代工程的一位专家这样形容该工程：规格之高，前所未有，是我国有史以来规模最大的一次多学科交叉联合攻关的文化工程。

从20世纪50年代起，中国社科院考古所先后在洛阳进行了"二里头夏代都城遗址""偃师尸乡沟商城遗址"的发掘，取得了重大的学术成果。学术界形成的共识是：二里头遗址是夏代中后期的都城遗址；偃师商城是商代早期的都城遗址。所以，要实施夏商周断代工程，必须以古都洛阳为重点和突破口。

杜金鹏，著名考古专家，曾任中国社科院考古所遗址委员会主任，先后参加了二里头遗址、偃师商城遗址和安阳殷墟遗址等考古发掘工作。

1996年，杜金鹏参加了夏商周断代工程，在洛阳、西安等地田野考古和取样工作历时3年多。杜金鹏表示，1928年，安阳殷墟考古发掘开始，它是中国历史上有文献可考、并为甲骨文和考古发掘所证实的商代晚期都城遗址；1983年偃师商城被发现，考古学研究证明，它是一座商代早期的都城。应该说，商代的纪年逐步清晰，而夏商之间的界标就成为断代工程的关键所在。

中国社科院考古所1954年在洛阳建立工作站，50多年来，对偃师商城、二里头遗址的考古发掘一直在进行。但是，为配合断代工程，他们必须重新进行考古发掘，对遗址区进行取样。因为，断代工程课题组要求：必须对每一个遗址区的不同分期都进行取样，比如二里头，它有4个分期，就必须对4个分期取样，然后交给另外的碳十四科学测年组进行准确的测年。

《夏商周年表》使中国"信史"上溯了1200多年

5年的攻关过程中，参与夏商周断代工程的200多位专家学者团结协作，共克难关，先后完成了9个课题、44个专题的研究。

专家学者通过对历史文献的研究，对历史文化遗址的发掘，对甲骨文等古文字的鉴定以及对古天文学记录的整理，于2000年11月9日正式公布了《夏商周年表》。该年表把中国的历史纪年向前延伸了1200多年，推定以周武王讨伐商纣王为标志的商周分界为公元前1046年，并明确了公元前841年以前西周10王的具体在位年代；推定夏商分界年代为公元前1600年，并明确了商武王以下12王的在位年代，对于商代前期的历史给出基本的年代框架；推定夏代始年为公元前2070年，也相应提出了夏代基本的年代框架。

夏商周断代工程理清了中国历史的一段脉络，使中华文明发展的重要时期夏商周三代有了年代学标尺，填补了我国古代纪年的一段空白，制定了迄今为止最有科学依据的夏商周年代表，因而被学术界誉为"中华民族的探源工程"。

农村文化普及工程
——构建社会主义新农村

中国现代化历史进程重大实践

中国是一个农业大国。20世纪30年代，农民占全国劳动力的79%，生产力十分落后，房屋破旧、食不果腹、疾病肆虐。就是在这样艰苦的自然条件下，中国共产党以"农村包围城市"的伟大战略，成功地帮助中国人民获得解放，建立了新中国。因此，农村是中国革命的摇篮。早在新中国成立初期，毛泽东主席就提出了建设社会主义新农村的伟大设想。

新农村建设伟大设想

建国60年来，党和国家历经风雨沧桑，在实践中探索农村发展的道路。尤其是改革开放后的30年来，为彻底改变农村贫穷落后的面貌，从连续出台的10个一号文件到党的十六届五中全会上专门提出"三农"问题作为国家发展的头等大事，党和国家坚持不懈地推进农村改革和制度改革创新。

伴随着中国经济的不断发展，广大农村面貌正在发生翻天覆地的变化，农村基层组织形式正在朝向适应农业现代化的方向不断变革，农村经济呈现多元化的发展态势，广大农民的生活有了普遍提高，农村的文化卫生以及社会保障不断深化，一部分农民已经富裕起来。勤劳朴实的中国农民不仅用自己的辛勤汗水实现了用仅占世界7%的耕地养活全球近20%的人口的伟大壮举，更是在社会建设的各个方面，以坚强勇敢的形象彰显出中华民族的善良本色。

今天，中国农村人口超过7亿，约占全国总劳动力的55%，全中国再次将目光聚焦在中国农村。"新农村建设"成为中国现代化历史进程中又一次重大的历史实践。

为解决广大农民群众听广播、看电视难的问题，1998年，党中央、国务院决定启动广播电视村村通工程，第一轮工程至2005年结束。根据第一轮工程实施效果，2006年，党中央、国务院决定继续实施广播电视村村通工程，按照"巩固成果、扩大范围、提高质量、改善服务"的要求，构建农村广播电视公共服务体系。新一轮广播电视村村通工程的目标是：到2010年底，全面实现20户以上已通电的自然村全部通广播电视。

同时，为深入贯彻落实中共中央、国务院《关于推进社会主义新农村建设的若干意见》和《关于进一步加强农村文化建设的意见》，切实解决广大农民群众"买书难、借书难、看书难"的问题，2007年3月，新闻出版总署会同中央文明办、国家发展改革委、科技部、民政部、财政部、农业部、国家人口计生委联合发出了《关于印发〈农家书屋工程实施意见〉的通知》，开始在全国范围内实施"农家书屋"工程。

农村广播电视发展实现历史性跨越

胡锦涛同志曾在2012年省部级主要领导干部专题研讨班开班式上的重要讲话中强调：在经济发展基础上逐步提高人民物质文化生活水平，是改革开放和社会主义现代化建设的根本目的。党的十六大以来，广播影视系统按照中央的决策和部署，深入贯彻落实科学发展观，坚持以人为本，坚持把社会效益放在首位，坚持把满足人民群众的精神文化需求作为出发点和落脚点，多谋民生之利、多解民生之忧，大力加强广播影视公共服务体系建设，取得了历史性突破，实现了跨越式发展。

一、实施重点工程带动战略，公共服务体系建设从城乡二元分割向城乡一体化转变，公共服务实现大跨越，城乡居民共享广播影视发展新成果。

实施村村通工程，从"村村通"到"户户通"，农村广播电视发展实现历史性跨越。充分利用卫星、无线、有线等多种手段，有重点、分步骤地消除农村广播电视覆盖盲区，完成了已通电行政村和20户以上自然村的"村村通"建设任务，全国广播电视综合人口覆盖率分别提高到97.06%和97.82%。从2011年开始，又在有线电视未通达的广大农村地区实施直播卫星公共服务工程，推动广播电视覆盖由"村村通"向"户户通"转变。这些地区的群众可通过直播卫星接收40余套数字广播电视节目，并可实现打电话、互联网应用等多项功能。2015年将服务扩展到全国有线电视未能通达地区的全部用户。

实施西新工程，覆盖范围从西藏、新疆扩展到少数民族人口较多的9省区，大幅度提高了边疆民族地区广播影视发展水平。按照中央部署，广电总局从2000年起组织实施西新工程。党的十六大以后，西新工程全面深入推进，逐步扩大到内蒙古、宁夏、四川等少数民族人口较多的9个省区，覆盖国土面积超过498万平方千米，使边疆民族地区广播影视发展格局实现了根本性转变。西藏广播电视覆盖率由1999年的68.6%和63.5%分别提高到2011年的91.7%和92.8%，新疆由1999年的87.4%和89.5%分别提高到2011年的94.9%和95.3%。地处偏远的游牧群众也能通过移动的太阳能接收设备随时随地收看电视节目。与此同时，少数民族语言广播影视节目建设进一步加强。截至2012年9月份，全国已有7套少数民族语言卫视节目，建成11个少数民族语言电影译制中心，分工负责34个语种和方言的电影译制。多层次、多语种的少数民族语言广播覆盖到相应地区。广大少数民族群众"听得懂、看得懂"的问题基本得到解决。

实施农村电影放映工程，从分散的胶片放映队到统一的数字院线，农村电影进入数字化、集约化放映新时代。实施农村电影放映工程后，农村电影放映瘫痪的格局逐步得到扭转。2007年，工程进入推广数字化放映新阶段，到2011年年底，全国已组建农村数字院线246条、放映队4.8万支，农村电影银幕超过5万块，农村电影全面实现更加便捷、丰富、高质的数字化服务。2011年全国农村放映电影812万场，观影人次18亿，基本实现了"一村一月放一场电影"的公益目标。针对全国电影发展"两头大中间小"的格局，县级城市数字影院建设工程于2011年启动，到2015年每个县级城市都将有数字电影放映场所。

二、创新公共服务技术体系，广播电视传输网络从模拟单向向数字化、网络化、交互化、全覆盖演进，基础设施建设取得大发展，文化与科技融合助力公共服务实现新跨越。

全面推进广播影视数字化，公共服务实现技术转型，服务范围、效率和质量跃上新台阶。党的十六大以来，广播影视从模拟向数字的转型加快推进，建成了世界上规模最大、具有现代技术水平的广播影视制作、播映和传输覆盖体系。到2011年年底，全国有线网络用户突破2亿，有线电视数字化渗透率从2004年的不到1%提高到56.7%。中央和省两级广播电视台已基本实现数字化网络化。地面数字电视已覆盖全国337个大中城市。全程全网、互联互通、可管可控的下一代广播电视网（NGB）建设正在加快推进。人民群众开始实现由看电视到用电视的转变。到2015年，我国将停止模拟广播电视的播出，全面实现数字化。电影数字化发展步伐加快，39条城市主流院线的数字银幕超过9000块，电影数字化水平和规模领先全球。

充分运用高新技术，推进公共服务业态创新，服务内容和服务形式丰富多彩。顺应人民精神文化需求的新变化、新要求和新期待，高清电视、3D电影、3D电视、巨幕电影等新业态迅速发展，深受群众欢迎。全国已开播16个高清频道，及时推出首个3D电视试验频道，建有3D银幕超过7000块，巨幕近70块。网络电视、移动电视、IP电视、手机电视、智能电视等新业务不断涌现，研发了具有自主知识产权的移动多媒体广播电视技术标准体系，建成了全世界最大的移动广播电视覆盖网络。

认真落实国家战略部署，积极推进三网融合，广播影视公共服务渠道和方式更加多样，服务平台更加广阔。2010年以来，广播电视网与电信网、互联网"三网融合"试点工作积极展开，一系列推进"三网融合"的重大举措逐步实施，中央IPTV（交互式网络电视）集成播控总平台已经建成，省级分平台建设正在推进，全国统一的IPTV集成播控体系将逐步形成。IPTV集成播控平台与电信的对接工作已取得初步进展。全国网络整合步伐加快，已基本实现一省一网的目标，国家级广播电视网络公司组建工作进展顺利，全国有线电视互联互通平台开始筹建。

三、加强公共服务内容建设，广播影视节目从短缺、单一向多品种、多样化升级，规模与质量实现大提升，不断满足人民群众精神文化新需求。

不断提升内容生产能力，节目数量快速增长。2011年，全国2607家广播电视播出机构开办广播节目2726套、电视节目1329套，全国广播和电视节目制作量分别比2001年增长67.3%和86.7%；电影产量由2001年的不足百部上升到558部，位列世界第三；电视剧产量由不到1万集增加到14942集，位列全球第一；影视动画产量由不到1万分钟增加到26万分钟，跃居世界首位。广播电视公共服务内容更加丰富，公益性更加突出。全国开办对农广播频率36个、电视频道13个，开办少儿频道33个，卫星动画频道5个，开办纪录片频道4个。

大力实施精品战略，注重节目原创，广播影视内容质量显著提高。选题策划、资金投入、表彰奖励等扶持原创精品的保障机制进一步完善。近年来，以《建国大业》《唐山大地震》《杨善洲》等为代表的优秀影片，以《亮剑》《闯关东》《五星红旗迎风飘扬》等为代表的优秀电视剧，以《故宫》《大国崛起》《舌尖上的中国》等为代表的优秀纪录片，以《小鲤鱼历险记》《喜羊羊与灰太狼》《梦回金沙城》等为代表的优秀动画片不断涌现。

着力加强宏观调控，节目结构更加合理、导向更加鲜明。顺应广大人民群众的要求，近年来采取了一系列抵制低俗媚俗、净化声频荧屏的坚决措施。特别是2012年以来，加强了电视上星综合频道节目管理，有效遏制了过度娱乐化、雷同化和低俗倾向，有力促进了电视节目的创新创优。近百档思想性、艺术性、观赏性俱佳的新栏目竞相呈现，电视荧屏百花齐放、新风扑面。广播节目更加贴近实际、贴近生活、贴近群众，新闻资讯节目比重增加，交通信息、生活服务、政务热线、综艺娱乐等多类型多样化节目，提升了广播媒体的影响力。

政府推动让文化惠泽民生

满足人民基本文化需求，是社会主义文化建设的基本任务，构建公共文化服务体系，就是要以公共财政为支撑，以公益性文化单位为骨干，以全体人民为服务对象，以保障人民群众看电视、听广播、读书看报、进行公共文化鉴赏、参与公共文化活动等基本文化权益为主要内容，建立健全覆盖城乡、结构合理、功能健全、实用高效的公共文化服务网络。发展公益性文化事业，加快构建公共文化服务体系，充分体现了我们党以人为本的执政理念，反映了广大人民群众的意愿，彰显了社会主义制度的优越性，对于促进人的全面发展，提高全民族思想道德和科学文化素质，具有重大意义。

广播电视由"村村通"走向"户户通"

直播卫星公共服务工程是中宣部和国家广电总局为推动广播电视由"村村通"向"户户通"延伸和发展而推出的一项公共文化惠民工程，旨在解决有线电视网络未通达的农村地区农民看电视难、听广播难的问题。采用直播卫星实现广播电视"户户通"，是提高我国农村地区广播电视公共服务水平的重要举措。通过直播卫星，我国农村地区约2亿农户可以免费收听收看到40多套广播电视节目，同时实现应急广播和电话入户服务。

党中央、国务院对在有线电视未通达的农村地区开展直播卫星公共服务高度重视，党中央、国务院领导同志多次调研部署，国家财政拨付专项资金推进直播卫星"户户通"工程建设，并在宁夏开展试点，实现了"户户通"，受到当地农村群众的普遍欢迎。

2011年7月，银川市西夏区镇北堡镇、平罗县黄渠桥镇、固原市原州区三营镇被列为宁夏三个试点地区。随后，该工程在宁夏全面推开。截至2012年2月25日，全区累计安装开通674188户，安装开通率为95.58%，使全区约80万户、300多万农民看到清晰的电视节目。

据宁夏回族自治区财政厅介绍，该工程总投资5亿多元，是近年来宁夏实施的资金投入规模最大、覆盖面最广、建设期限最短的一项文化惠民工程。每套设备价格为480元，其中自治区财政负担270元，群众自筹50元，其余部分由市场运作的形式予以补充解决。

试点成功后，2012年3月14日，广电总局、财政部与内蒙古、海南、贵州、云南、陕西、甘肃、青海等7省（区）人民政府，在北京举行直播卫星"户户通"工程目标责任书签订仪式。本次参加签订责任书的7省（区）将完成1300多万户农村地区的直播卫星"户户通"建设任务，使这些地区近

5000万农村群众收听收看广播电视的条件得到根本改善。

广播电视村村通工程实施10多年以来，已解决了1.5亿农村群众听广播看电视难的问题。广播电视村村通工程自1998年开始在全国试行，作为农村文化建设的一号工程，"村村通"工程目前取得重大成果：截至2012年3月12日，已完成了11.7万个行政村、10万个50户以上的自然村、72.6万个20户以上的自然村盲点全覆盖，基本满足了农村群众的文化需求。下一步的重点是完成20户以下的自然村盲点全覆盖，以及从"村村通"向"户户通"发展。

从"村村通"到"户户通"，是填补城乡文化巨大鸿沟的最低成本、最快速度、最短时间的最好方法。"村村通"解决了农村群众文化需求上的"温饱"问题。为了从"吃饱"变为"吃好"，国家进一步推出"户户通"工程，到2015年我国将基本实现"户户通"全覆盖。

电影放映工程：坐在家门口看大片

农村电影工作始终是电影行业服务"三农"、支持"三农"工作的重中之重，是建设社会主义新农村的现实需要。近年来，国家广电总局会同国家发改委和财政部，注重从组织机构、体制机制、经费保障、内容服务、技术支撑、政策法规等方面，加强农村电影公共服务体系建设。截至2010年9月，全国已组建农村数字电影院线228条，数字电影放映队3.8万支，年放映公益电影达780万场次，2010年已订购农村电影公益放映场次422.8万场，中央财政落实2009年农村电影公益性放映场次补贴专项资金3.3亿元，全国共放映农村电影超过781万场，观众人数达18.15亿；全年订购农村数字公益影片546.64万场。

农村数字电影放映工程是政府推出的一项文化惠民项目，其原则为"企业经营、市场运作、政府购买、农民受惠"。放映员的工资，购买片源和数字电影放映设备等，政府或给予财政补贴或直接免费提供。但作为市场主体，农村数字电影院线公司的运作依然要走市场化之路。

为了回收成本并盈利，农村数字电影院线公司必须市场运作，寻找盈利点。其中最可行也是多数院线公司正在实施的就是"影企联姻"，即和企业合作。数字电影是一个现代化新媒体，在这个媒体上能有效实现"广而告之"。所以让企业为农民看电影买单，这是个双赢——既繁荣了农村电影市场，又提高了企业知名度。

作为"全国农村数字电影放映优秀院线"，温州新农村数字电影院线公司一直在努力让公益放映和商业放映齐头并进。成立3年来，该公司已先后为环保等28个政府部门和温州农行、金狮啤酒等22个涉农企业单位开展了多种形式的播放活动，累计放映商业广告5.4万多场，商业专场放映1137场。

找到了回收成本并盈利的途径，农村电影工作还有一个问题。长期以来，学界针对中国电影的讨论更多地集中在城市电影产业，然而，随着农村电影放映工程的不断扩展以及电影产业的不断发展壮大，农村观众的观影需求也不容小觑。当下农村观众究竟喜欢看什么题材的影片？农村题材电影该如何发展？2011年12月，由中国艺术研究院电影电视艺术研究所主办的电影文化论坛·2011"文化建设与中国电影的发展"研讨会，特别设立"公共文化建设、文化权利与农村电影"的专题讨论，对此展开深入探讨。

"衡量电影业是否成功的指标有两个，一个是经济指标，即票房收入；另一个则是社会影响力指标，就是观众人数。"北京电影学院国际交流学院院长钟大丰指出，"观众的多少，决定了文化产品是不是真正在社会文化生活中起到应有的作用。中国电影产业近年来得到了迅猛发展，票房连年增长。在经济数字不断攀升的时候，我们应该把关注的焦点更多地放在电影作为文化产品的核心价值——文化价值上来。尤其对于中国农村的广大电影观众，也许在短期内看不到显著的经济效益，但是作为文化传播的对象，对于一个国家的文化建设具有非常重要的意义。农村电影观众的文化需求是什么？需要国产电影在内容生产、传播运作上遵循怎样的规律？这需要引起业界的高度重视。"

电影产业对于城市观众的观影心理十分重视，往往一部影片刚刚放映完，电影制片公司就开始着手各种调查。比如电影中哪些地方观众喜欢，哪些观众不喜欢，为什么这部分观众群体购票观影多，而另一部分观众群体购票少，都要进行详细分析，为下一次作品创作生产留作参考。

相较之下，我们对于8亿农民观影心理的调查还不够多，而且也不够细致全面。中国电影评论学会秘书长、《中国电影报道》制片人张卫认为，这几年农村电影放映的硬件条件发生了翻天覆地的变化，正在逐步实现数字化。这一变化为电影在农村提供了更加快速的传播途径，一部电影一旦投入数字发行放映平台，无论天南海北的农民观众几乎都可以同步看到。

"随着时代的不断发展进步，农民生活日新月异，他们观念的转变带来了观影口味的巨大变化。"中国艺术研究院电影电视艺术研究所副所长赵卫防指出，经过田野调查发现，相较于纯粹的农村题材电影，现在农村人更偏好看动作片、喜剧片，以及故事性较强、富有情感的剧情片。我们以往认识上存在一种误区，认为农村题材电影的主要目标观众就是农民。那么农民观影需求发生变化之后，农村题材电影又该如何发展？这需要我们进行新的探索。

农家书屋：搭起农民"悦"读平台

在60年前，农民看书、买书是想都不敢想的事情；然而今天，这件事情对于大多数农民来说已不再是天方夜谭。"农家书屋"建设工程是新闻出版署等8部委于2007年年初共同发起的一项惠及8亿农民、推动农村文化建设的重大工程，解决了广大农民群众"买书难、借书难、看书难"的问题。

"农家书屋"是为满足农民文化需要，在行政村建立的、农民自己管理的、能提供农民实用的书报刊和音像电子产品阅读视听条件的公益性文化服务设施。每一个农家书屋原则上可供借阅的实用图书不少于1000册，报刊不少于30种，电子音像制品不少于100种（张），具备条件的地区，可增加一定比例的网络图书、网络报纸、网络期刊等出版物。

"农家书屋"工程坚持以邓小平理论和"三个代表"重要思想为指导，以科学发展观为统领，全面贯彻党的十六大和十六届三中、四中、五中、六中全会精神，加大政府对新农村文化建设的投入，充分调动社会各方面力量，大力发展社会主义先进文化，保障农民群众最基本的文化权益，推动农村经济社会发展和社会主义和谐社会的建设。

"农家书屋"工程按照"政府组织建设，鼓励社会捐助，农民自主管理，创新机制发展"的思路组织实施，把各部门、各地区在农村文化建设中的类似项目结合起来，相互补充，同步推进，实现资源整合。同时，广泛动员社会力量参与，鼓励国内外各界采用多种形式、多种渠道进行捐助。"农家书屋"建立之后，将按照农民自主管理、自我服务的模式进行管理和运行，具备条件的书屋，政府将鼓励支持其开展出版物经营活动，通过经营收入进一步支持"农家书屋"的良性发展。2007年是"农家书屋"工程正式实施的一年，建成"农家书屋"约2万个，2008年建成的数量增至5万多个。"农家书屋"工程计划"十一五"期间在全国建立20万家"农家书屋"，到2015年基本覆盖全国的行政村。

如今，"农家书屋"成为新农村建设的一道风景线，为活跃农村文化生活，帮助农民学习和掌握科学知识，丰富人们的精神生活发挥了重要作用。作为发展出版业的新兴市场，"农家书屋"的意义和作用也不言而喻。

群众"文化走亲"凝聚民间文化力量

所谓"文化走亲"就是由政府主导，社会各界参与，以文化为纽带，通过文艺演出、展览、论坛等活动，开展不同区域的文化交流互动，构建多层次、多样化的群众文化活动新格局。农村组建了自编自导自演的舞龙队、腰鼓队、铜管乐队、戏曲队、街舞队等文化团队，通过文化团队的建设，农民群众自己参与到文化中来，邻里关系更加融洽，大家参与文化热情非常高涨。参与的爱好文艺的村民，涵盖了各个年龄层。队员们白天在企业或农田里上班干活，晚上有空了就聚在一起排练节目，成了名副其实的新型农民。

"文化走亲"活动兴文化、动人心

贵州省余庆县开展的"文化走亲"活动是由乡镇自行组织的村际、镇际间的文化交流活动，通过"选亲、招亲、结亲、留亲"等方式，形成了多层次、多类别、多样化的基层文化活动新格局，为群体提供一个开放的文化活动平台。

"文化走亲"的节目主要以当地民俗和自创节目为主，"送亲"的地方出部分节目，当地也出一些节目，这样两个地方在同一个舞台上交流，群众看得高兴，演员们相互交流切磋，演得也更投入。据余庆县文体广电旅游局局长周忠武介绍，依托"文化走亲"活动，县里每年举办一次农民乡村文化节，让各地"文化走亲"活动中涌现出来的优秀节目进行会演。该县已成功举办两届农民乡村文化节，10个乡镇组织的文艺节目有近百个，参与演员近千人次，吸引观众5万余人次。

余庆县委常委、宣传部长杨再芬表示，该县顺应当地农民的愿望，培育农村特色文化团队，繁荣地方文化，让农民自编自演各种文艺节目，参加"文化走亲"活动，将具有浓郁地域特色和一定艺术水准的农村文艺节目推上舞台，使越来越多的农民群众逐渐从台下观众变为台上主角。

"文化走亲"活动不但繁荣了本地文化，还培育了大量的文化传播人。"文化走亲"活动还充分发挥了村、镇基层民间文艺团体的文化主体作用。余庆县龙家镇党委书记邱成刚说，"文化走亲"活动不但让镇、村对本区域内的文化资源进行了有效整合，让民间文化力量得到凝聚，而且让村、镇各类设施也得到了充分利用，由原来的直接"送文化"转变到现在"种文化"，扩展了群众文化活动的广度和深度。

"文化走亲"走活新文化

近年来，湖州围绕打造"欢乐湖州"群众文化活动品牌，开展了"十百千万工程"和"送戏送书工程"等公益性文化活动，丰富了群众的文化生活。但在传统和现代、求知和娱乐、本源文化和外来文化并存的多元文化格局中，群众的审美喜好与文化需求产生了新的变化，不再满足于"文化下乡"的老节目、老面孔，产生了从"单一性"向"多元化"、从"普泛性"向"特色化"、从"享受文化"向"参与文化"转变的多种需求。如何解决群众的审美疲劳，丰富群众文化生活就显得尤为迫切。于是，"文化走亲"项目便应运而生。

近年来，湖州"文化走亲"共开展活动600余场，演出文艺节目6100个，参与人员2.7万余人次，吸引观众76万余人次；同时，还与上海，江苏的吴江、震泽，本省的杭州、绍兴、嘉兴等地开展了跨地区的"文化走亲"，活了文化、乐了百姓。

"文化走亲"之所以会得到多数百姓的喜爱，是因为它"走"活了文化。"文化走亲"活动以"文"为媒，重在惠民；以"走"为要，重在交流；以"亲"为旨，重在共进。

湖州"文化走亲"的节目主要以当地非物质文化遗产项目及基层自创节目为载体，并顺应当地农民求知、求乐、求美的愿望，培育农村特色文化团队，繁荣本土文化，让农民自编自演各种文艺节目参加"文化走亲"活动。此外，将各自具有浓郁地域特色和一定艺术水准的农村文艺节目引入城市，越来越多的农民逐渐从台下观众变为台上主角。2012年，全市共组建各类特色文体团队860多支，培育文化示范户1100多户，形成了以"善琏湖笔之乡""浙北乾龙灯会""新市蚕花庙会""孝丰孝子文化""洛舍钢琴节""三合防风文化节"和"筏头沈约故里"等乡镇节庆和民间特色文化活动，给全市新农村文化建设注入了生机和活力。

"文化走亲"同时促进了民间文艺创作的繁荣。湖州民间艺术资源丰富，尤其是经过近年来的非物质文化遗产普查和保护，一些极具地方特色的民间传统艺术重放光彩，如"长兴百叶龙""安吉威风锣鼓""竹叶龙""林城狮舞"和"滩簧小戏"等。而城里人出于寻根、怀旧等原因，往往对传统文化情有独钟。据统计，2010年新创作节目100余个，如吴兴区的《放学时刻》《织衣交响曲》，南浔区的《似水年华》《水乡童谣》，长兴县的《开演之前》《藤恋》等都具有浓郁的地方特色。

"文化走亲"活动在提高了农村文化的造血功能和自我发展能力的同时，还推动农村本地文化"走出去"，将外地优秀文化"请进来"，一方面可以加强各地市之间的文化交流，另一方面可以展示农村近年来的群众文艺成果，进一步加强不同地域文化情感的交流融合，提升农村文化的影响力与美誉度。

清史编纂工程
——留下宝贵的历史遗存

总结和汲取历史经验的传世之作

在中华民族光辉灿烂的历史长河中，清代占有十分重要的地位。在清代，我国的疆域空前辽阔，多民族的中华民族大家庭进一步团结和巩固，经济、政治和文化进一步发展。同时，清代站在中国近代的历史门槛上，既是旧时代的终结，又是新时代的肇端。清代与当代中国社会的联系最为密切，与我们时代所面临的许多重大问题紧密相关。有清一代的历史，为我们积累了十分丰富的正反两方面的历史经验，留下了十分宝贵的历史遗产，需要我们认真加以总结和汲取。

纂修工程启动

我国一向有"易代修史"的优良文化传统。宋修唐史，元修宋史，明修元史，清修明史，"易代修史"这一传统绵延不断。清朝灭亡不久，北洋政府即于1914年开馆纂修清史，历经14年修成《清史稿》。《清史稿》为我们保存了较为丰富的历史资料，但也存在体例陈旧、思想观点偏颇、大批史料未能充分利用等不少问题。同时，由于时局纷乱、经费拮据等原因，修史仓促杀青，清代历史中的不少问题尚待进一步研究和补正。

新中国成立后，党和国家十分重视清史纂修工作，曾先后三次动议重修清史，并成立相关机构进行筹备，但终因多种原因未能实施。改革开放以后，我国国力增强，经济发展，文化日趋繁荣，清史研究不断深入，纂修清史的时机基本成熟。2001年春，我国学术界的部分专家学者联名向中央领导建议纂修清史。2002年8月，党中央、国务院批准文化部报送的《〈清史〉纂修工作方案》，决定编纂一部高质量、高标准的清史巨著。之后，国务院批准成立了由15个部门、单位组成的清史纂修领导小组，清史编纂委员会、清史纂修领导小组办公室（清史办）也相继组建（2004年4月后冠以"国家"称谓），中国人民大学戴逸教授担任清史编纂委员会主任。

清史纂修工作启动以来，一直得到党中央、国务院的高度重视和亲切关怀。2002年，国家有关部门组织专家，从学术、人才、资料积累、国家财政等方面进行了充分论证，同年8月，国家正式批准并启动了清史纂修工程，要求"编纂一部能够反映当代中国学术水平的清史巨著，使之成为经得起历史检验的传世之作"。党和国家领导人及相关部门的领导同志先后多次就清史纂修作出重要批示和指示，有力地推动了清史纂修工作的顺利开展。

文化部作为清史纂修的主管部门，在领导决策、组织协调等方面做了许多工作。文化部领导十分重视清史纂修工作，多次召开会议，就重大学术问题研究和组织管理等工作作出安排。

《清史》体裁体例确定

清史纂修工作分三个阶段进行。第一阶段为开局阶段，为期3年左右，主要进行体裁体例和总体框架的设计，并在此基础上以项目立项形式分解编纂任务。第二阶段为撰写和评估阶段，为期4~5年，全面开展研究撰写工作，评估工作同步推进。第三阶段为审改合成阶段，为期2~3年，对编纂成果从政治观点、学术内容、整体结构、史事撰述、史料运用、文字风格等方面进行修订、统稿、合成，编定成书。

清史纂修工程启动于2002年8月，计划用10年的时间完成。从2003年开始，清史编纂委员会用近1年时间在全国范围多次召开学术研讨会，并面向社会印发调查问卷，广泛征求各界意见。在此基础上，确定了《清史》体裁体例。整个项目分为两大部分，其一为主体工程，其二为基础、辅助工程。主体部分是清史的主要内容，采取综合创新的体裁，分为"通纪""典志""传记""史表""图录"等五部分，分别从不同角度、不同方面客观、全面、翔实地反映清代历史全貌，共92卷，3000余万字。基础与辅助工程，主要是为主体工程提供史料和基础研究。

五大主体部分	拟定划分目录
通纪	分为清建立、入关、康熙之治和雍正改革、乾隆统一中国、清朝中衰、外国侵略和农民战争、清自强运动、最后衰亡8卷
典志	分为天文历法、地理、人口、民族、法律、农业、手工业、商业、外贸、交通、财政、学术、西学、诗文小说、戏曲书画等35志39卷
传记	分为22卷，将记载有约3000人的传记
史表	将有29卷，分人表和事表两类，共立表35种
图录（传统体例的新形式）	将有10卷，反映清朝的舆地、生产、商贸外贸、军事、民俗、建筑、艺术、宗教、历史人物肖像等情况，其中肖像包括画像和照片。

通纪是《清史》的总纲和主线。为克服以往部分史书存在的"类例易求而大势难贯""大纲要领，观者茫然"等缺陷，《清史》按照辩证唯物主义和历史唯物主义的立场、观点和方法，通过设立通纪，将清代近300年历史分成8个前后相承的卷章，全面记述有清一代的历史脉络和发展大势，如实反映清代"兴、盛、衰、亡"的历史发展进程。

典志是《清史》的重要组成部分，总篇幅占全书1/3。以往史志主要记载典章制度及其源流变迁，很少反映民俗特别是普通劳动人民的社会生活和实践活动。《清史·典志》与专门史研究相结合，从唯物史观出发，既保留了清代的国家大政与典章制度，也注意社会风貌、民风习俗等，更加全面地反映清代丰富的社会生活和纷繁复杂的社会现象。《清史·典志》实际设立了41志，除保留部分传统志目外，为反映时代特点，特别是反映清代后期中国走上近代化的历史进程，将原食货志分解为农业、手工业、交通、对外贸易、财政、金融、近代工矿等志，并根据今天我们对历史、自然的新认识和学术研究的新发展，增设生态环境、人口、民族、边政、华侨、宗教、民俗、教育、医药卫生、台湾、香港、澳门等志。

传记是大多史书不可缺少的重要组成部分。旧史列传，主要叙述人臣勤劳王事，明君臣之分，叙人臣之职守，记其官阶之升转降革。《清史·传记》在传主的选择上，既考虑其在历史上的地位、作用和影响，又考虑其在不同阶级、行业、领域的代表性。传记收录人数约3000人，其中既有传统的重臣名士，也有反映清代新特点的近代教育家、科学家、企业家、医生和华侨人士；既有"大人物"，也有具有代表性的"小人物"。在写法上，坚持实事求是，秉笔直书，不溢美，不隐恶，努力写出传主的个性和特点。

史表是用表格的形式反映历史史实，具有言简意明、便于查阅等特点，历来为史家所重视。《清史稿》设表15种，全部为人表。《清史·史表》不仅新增议政王大臣表、四大活佛世表、册封使表、历科进士表等11种人表，还增设反映清代历史变迁和晚清新生事物的8种事表，如史事年表、中外约章表、报刊表等。在表的内容设计上，突出不同表群的特点，增设信息点，表文内容更加丰富、信息更加准确，并对以往史表中存在的讹误缺佚多有匡正和补充。

图录是《清史》的一大创新。我国古代有"左图右史"的传统，但由于书写载体及印刷技术所限，二十四史均未收图入史。在清代，不仅存留了大批传统意义上的图，而且随着照相技术的传入和流布，也存留了大量照片。为此，专门设立图录，拟收图和照片近万幅。通过图录，以图明史、以图证史、以图补史，不仅可以为印证史实提供直观证据，也可以形象地展示清代社会风貌，补充文字史料的不足，发挥文字叙述所不能替代的特殊作用。

全国专家贡献才智

清史内容涉及清代社会生产生活的各个方面，有关专家也分布于我国的各行各业和不同单位。为做好纂修工作，国家清史编纂委员会通过立项形式，将编纂、档案文献整理、出版等工作逐一落实到分散于各地和各领域的专家手中。截至2010年1月，共立项353个，参与专家及有关人员1828人。其中，《清史》编纂项目共立项160个，分布在全国25个省区市（含台港澳）

的60多个高等院校、科研院所以及档案馆、博物馆，参与专家学者达700人之多。这些人中，既有自然科学领域的院士，也有社会科学领域的知名专家，基本吸收了老、中、青三代清史及相关领域的专家学者。

经过5年的项目研究和撰写，《清史》编纂工作取得初步成果，项目初稿已完成约70%。2009年5月，国家清史编纂委员会启动了对初稿的审改工作。审改工作拟采取主审专家负责制，分三审三个阶段，从政治观点、学术内容、整体结构、文字风格等方面对初稿进行审改，力求提高质量，做到观点正确、篇幅合理、体例文风相对统一。

同时，国家清史编纂委员会组织了大量学术研讨和科研攻关，开展对重大学术问题、重要学术观点、重点人物、重大事件的研究。如组织召开一系列学术研讨会，就满族兴起、康乾盛世、太平天国、洋务运动、戊戌变法、光绪死因等疑难和有争议问题进行研讨，听取和吸收各方面意见。经数易其稿，国家清史编纂委员会形成《清史编纂手册》和《关于清史纂修中重大学术问题表述的意见》，为编纂工作提供了较为科学严谨的规范。

编纂一部能够经得起时间和历史检验的清史巨著，任务光荣而艰巨。几年来，全国各地的专家们努力克服兼职修史的不利条件，在完成本单位教学科研任务的同时积极主动地投入清史项目，勤奋工作，刻苦攻关，以高度的责任心和使命感，孜孜不倦地做好学术研究和撰写工作，尽心尽力为清史纂修贡献才智。

清史三大看点

近600年来，国家修史只有四次。第一次是洪武元年（1368年）朱元璋下令修元史；第二次是顺治二年（1645年）福临下令修明史，经康雍至乾隆才得以完成；第三次是北洋政府下令修清史，14年修了一部《清史稿》；第四次就是2002年启动的纂修清史工程，可谓百年不遇的盛举。《清史》纂修是新中国成立以来首次启动的国家修史工程，也是21世纪国家重点文化工程。2012年是《清史》纂修工程的第十个年头。耗资数亿元，由1500名专家学者直接参与编纂的共92卷、3500多万字的《清史》终于到了最后的冲刺阶段。翻开这部新编《清史》，我们会发现它包含了三大看点。

看点一——创造全新的历史叙述方式

南开大学中国社会史研究中心主任常建华教授负责编写《清史·通纪》第三卷，他介绍《清史》在体裁体例上的创新时表示，《清史》的题材借鉴了传统的纪传体题材，同时加以变革，变化较大的有两大部分，一部分就是增设通纪，相当于通史的内容；再有就是增加了图录。

二十四史是由很多故事组合成通史，缺陷就是缺一个能够统领各个部分、宏观上对这一时期的事情高度概括的东西。与二十四史不同，《清史》正是为了弥补这个缺陷而增设了通纪。

从结构上讲，通纪相当于《清史》的主干，要求非常好的宏观概括，表达一定的思想性，同时又不能流于泛泛而论。"它不是论，而是史。二十四史包含本纪，用编年体记载皇帝的行动，而《清史》的通纪，并不是以皇帝一个人为主，而是朝廷各方面活动的全面解读，包括政治、经济、社会、文化、民族、军事等。我们用通纪来贯穿历史，成为全书的纲。皇帝的个人传记则放在了传记部分。"

国家清史编纂委员会主任戴逸教授认为，通纪写好，最重要的是要完成四个字：兴盛衰亡。要把清朝的历史过程全面揭示出来。

《清史·传记》的编纂思想也离开了朝廷庙堂而走向了民间。二十四史里的传记记载的都是帝王将相，而《清史》的传记分成正传和类传两部分，类传呈现了清朝各个时期士、农、工、商等行业有名的人物。比如"样式雷"家族，祖辈七代人为清朝效力，从康熙以后设计、建造、修缮了故宫、承德避暑山庄、东陵西陵、颐和园、沈阳故宫等大工程，可以说是世界上最伟大的建筑世家；再比如带领徽班进京的程长庚以及传统京剧的许多代表人物，也都入选了人物传。

"图录"是《清史》中完全不同于二十四史的部分，其目的是以图证史，以图明史，以图补史。常建华表示，图录就是以图的形式呈现清朝的历史全貌，试图编成一个在逻辑上能说明清朝进程的东西。清代有大量纪实性绘画，包括皇帝像，以及南巡、大阅、祭祀、行乐等盛况，可以了解清代的社会风貌；摄影技术传入中国后，也留下了相当数量的清代老照片，这些都被收录在图录部分。图和历史进程结合起来，在某种意义上可以说是图说清朝。这在过去的史书里面是没有过的。

《清史》在语言风格上统一为现代语体，要求用比较规范典雅的现代白话语体，不能用文言，但又不能是太通俗的大白话，个别引语可以用文言，但行文要用白话。不要论文体，要写成史学叙述，把历史呈现出来，避免长篇大论。由于这个尺度也不太好掌握，而且不同的人文笔不一样，这就给后期工作增加了难度。

看点二——2000万件档案文献成为研究清史基础

2002年国家清史编纂工程正式启动之时，戴逸教授便提出了纂修《清史》和整理文献档案同时进行的设想。他认为，今日修史，应当扩大眼界，最大限度地抢救和整理清代文化遗产。这样做，既是为了修好《清史》，更重要的也是为了保存珍贵的文献档案，以供学人阅读利用。

据清史编纂委员会介绍，清代遗留下来的各类史料数量极大，仅档案一项留存于世的不下2000万件。清史编纂工作启动10年以来，在文献资料的整理上投入了很大精力，现已整理出档案200余万件，不过即使这样，也只整理了档案总数的十分之一。

《清史》编纂还面临着庞大的资料整理和翻译任务。清朝大量内政外交的文献档案、公文，尤其是清前期形成的档案大多由满文记载，保存下来的清代碑刻、谱书也有很多都是由满文写成；同时，在英、俄、德、法、日等许多国家的档案馆，存有大量与清朝有关的历史档案；还有不少当时外国人在中国写下的见闻等，这些档案资料都需要大量的翻译工作。

民国初年北洋政府曾设立清史馆，百余人耗时14年编纂了536卷《清史稿》，为后来的清史研究提供了参照。清代的基本历史事实清晰，但有些史实自清以来即有不同记载，对一些问题的认识也存有悬疑和分歧，在不少重大事件和人物评价上还长期争论不休，这些问题都需要通过发掘新的文字史料甚至器物遗存来证史、补史和校史。

国家清史编纂委员会秘书组刘文鹏副教授表示，清史工程组织整理、出版的这些史料，有很高的学术价值，不仅是编修清史要用到，还要为更广泛的清史研究和其他学术研究服务。比如已经出版的《李鸿章全集》《清代诗文集汇编》《张之洞全集》等，这些文献内容丰富，文字量远远高于新修清史本身，都属于清史纂修工程的重要成果。

看点三——翻开清史看天津

南开大学是全国高教系统中承担清史纂修工程项目最多的高校之一。冯尔康教授应邀担任国家清史编纂委员会委员并受委托承担了《典志·宗族志》项目。许檀、白新良、乔治忠、南炳文、常建华、杜家骥等教授分别承担了《典志·商业志》《传记·乾隆朝（上）》《史表·布政史表》《传记·类传·遗民》《通纪·第三卷》和《典志·职官志》项目。常建华教授表示，这次修《清史》南开大学承担的任务比较多，一方面因为南开大学的明清史是历史学科的重点研究方向，老前辈郑天挺先生是著名历史学家，他培养了几代学者研究明清史；还有一个原因，就是天津这座城市主要是明清时期发展起来的，所以本地高校也比较关注这段时期的历史。

近代天津，在一定意义上说是半殖民地半封建的近代中国社会的缩影。1840年鸦片战争后，西方列强加紧对中国社会野蛮侵略和掠夺。第二次鸦片战争期间，清朝政府被迫签订《天津条约》。其后又被迫于1860年签订《北京条约》，据此条约，天津被开辟为通商口岸。揭示清代城市发展特征和规律、从城市角度反映清王朝历史发展变迁的《清史·史志·城市志》中"通商口岸城市"一章，便写到了天津在当时的基本状况。

1861年，天津海关正式成立，由英国人出任海关税务司，操纵天津进出口贸易，在天津开设洋行，创办邮政，垄断天津港口和内河航运业务，天津沦为半殖民地半封建的城市。但客观讲，这些行为也促进了天津近代工商业的兴起，天津进而成为中国北方重要的工商业基地。晚清时，天津作为直隶总督的驻地，也成为李鸿章和袁世凯兴办洋务、发展北洋势力的主要基地。所谓"百年中国看天津"，《清史》的完成，也为人们研究天津的城市史提供了重要资料。

历史的魅力归根结底是文化的魅力

历史的魅力，是信仰的魅力、思想的魅力、道德的魅力、智慧的魅力、创新的魅力，但归根结底是文化的魅力。读史，有助于总结历史经验，有助于认识社会发展规律，有助于把握现在和开辟未来。读史，从本质上说，就是读文化，就是在进入某种文化氛围，思索某种文化现象，获得某种文化启迪。读史，可以使我们获得深刻的历史自觉和文化自觉。一个生机强劲的民族，必然是一个不断弘扬优秀历史文化的民族，必然是一个善于创造新的历史文化的民族，必然是一个勇于吸收世界优秀文明成果的民族。

历史的精神力量

历史上的杰出人物，在常人很少遭遇的逆境中，之所以能做出杰出的成就，最根本的，是因为他们有坚定的信仰，生活的信仰、事业的信仰、献身理想的信仰。

戊戌志士谭嗣同，是为信仰而牺牲的典范。变法失败时，他本可以逃离险境，但他视死如归，拒绝出走，昂然宣告："大丈夫不做事则已，做事则磊磊落落，一死亦何足惜，且外国变法，未有不流血者，中国以变法流血者，请自嗣同始。""我自横刀向天笑，去留肝胆两昆仑"，充分展现了他为信仰而献身的伟大人格。

信仰是人类的精神支柱和前进动力，历史上无数杰出人物，他们"富贵不能淫，贫贱不能移，威武不能屈"的感人事迹，至今仍然放射出璀璨的光辉。

读史，不但可以使人受到信仰的鼓舞，而且可以使人受到思想的启迪。人类创造了丰富多彩的物质世界，也营造出自己的精神家园。一部人类社会的发展史，同时也是人类思想的进步史。人类思想史上的宗师巨匠，透过繁复芜杂、光怪陆离的社会表象，直抵沉潜其中的事物本质。他们那如炬的哲思洞照幽暗的历史夜空，引导着人类前行的脚步。

清末著名思想家龚自珍，以得风气之先的敏锐目光，认识到清朝统治

"日之将夕，悲风骤至"，深刻洞察到社会潜藏着的严重危机。在《己亥杂诗》中，他大声疾呼："九州生气恃风雷，万马齐瘖（yīn，同'喑'，不说话）究可哀，我劝天公重抖擞，不拘一格降人才。"他的社会批判思想，起到了振聋发聩的作用。梁启超在《清代学术概论》中说："晚清思想之解放，自珍确与有功焉，光绪间所谓新学家者，大率人人经过崇拜龚氏之一时期。"

作为近代中国第一批"睁眼看世界"的知识分子之一，魏源是最早向国人介绍世界各国情况的中国思想家。他撰写的《海国图志》，在海内外产生了广泛影响，梁启超认为《海国图志》"实为变法之萌芽"。魏源选辑的《皇朝经世文编》，反映了清代学者"经世致用"思想及改革求治的愿望。尤其是他"师夷长技以制夷"的思想，对后来的洋务运动等学习西方的社会运动，产生了重要影响。

如果说历史是一条长河，思想则是渗透其中的一脉清泉，它浇灌历史，滋润人心，从古代流到今天，又从今天流向未来。

历史的道德魅力

中华民族传统文化博大精深，道德思想是其重要组成部分。通过读史，人们在不知不觉中会形成一定的价值观念和行为方式，这就是历史道德的魅力所在。

林则徐一生奉"壁立千仞无欲则刚，海纳百川有容乃大"为座右铭。1830年（道光十年），他出任湖北布政使，发出《由襄阳赴省传牌》，说明船钱和伙食均自行负责，"无须致送下程酒食等物，所属官员，只在本境码头接见，毋庸远迎"。他的清廉节操，连他鸦片战争时的敌人也不得不承认。英国殖民者义律在一部回忆录里说："若说林公虽然不为皇帝所喜，但是他却很受他新近所管治人民的爱戴，这对于林来说只是公道而已。他的最大的死敌也不得不承认他的对手从来没有被贿赂玷污过。"

曾国藩曾在家信中说："闻林公文忠三子分家，各得六千串。督抚二十年，家私如此，真不可及，吾辈当以为法！"曾国藩在个人操守上坚持以林则徐为榜样。他要求自己"以廉率属，以俭持家，誓不以军中一钱寄家用"。

古罗马历史学家李维特别强调历史在道德方面的垂训作用，他认为读史首先要关注道德问题。他说："注意到载于昭昭史册中各种例子的教训，从中为你和你的国家吸取你所应当仿效的东西，从中吸取你所应当避免的开端恶劣与结局不光彩的东西。"道德作为政治的辅助力量，贯穿于人类社会的整个历史进程，对其积极作用人们应予充分重视。

历史的智慧养料

读史的过程，实际上是不断汲取历史智慧的过程。历史智慧既可以通过人类创造的物质财富折射出来，同时又以人类精神产品的形式积累和传承。历史是无情的，因为任何人都不能阻挡历史的前进。历史又是无私的，因为随着历史的进步，它总是一如既往地给后人留下丰富的历史智慧。

历代史书都注重总结历史经验，使后来人能从多方面汲取经验教训。所谓"殷鉴不远，在夏后之世"，唐代的《贞观政要》、宋代的《资治通鉴》，都是这方面的典范。所谓"欲知大道，必先知史"，就是这个道理。

创新离不开历史的积累

创新是一切国家和民族进步的不竭动力，也是一切历史的灵魂和精髓。人类社会一步步从低级到高级的发展过程，就是不断积累、不断创新的历史过程。这一点，尤其体现在科学的历史发展中。

随着社会的进步，科学对社会生产的指导作用和主导作用日益明显。人类开辟新的技术领域，建立新型的工业部门，深刻改变着社会生活的面貌。改变了人类生产和生活方式的技术成果，大多源于科学上的创新。创新改变了人和人类社会。

创新离不开积累。通过历史资料来研究气候变迁的方法，是我国著名地理学家、气象学家竺可桢开创的。他说，"在我国的许多古文献中有着台风、洪水、旱灾、冰冻等一系列自然灾害的记载，以及太阳黑子、极光和彗星等不平常的现象的记录"，我国"有丰富的过去的气象学和物候学的记载"。依靠这种对历史资料的独特认识，竺可桢研究了半个世纪，终于取得了重大成果。

创新同样需要科学精神的指引。科学精神是在科学发展过程中逐渐形成的，每一个科学发现，都是通过坚忍不拔的努力，经过千百次的实验而最终获得的；每一个科学结论，都渗透着人对理性的信仰和对真理的热爱，以及捍卫真理的勇气。任何科学探究，无论是成功还是失败，都能对人类的进步产生重要影响。科学史所积淀的科学精神具有永恒的价值。

上海世界博览会——向世界展现活力、和谐的中国

全球经济、科技、文化领域的盛会

世界博览会（简称世博会）是人类文明的驿站。自1851年伦敦的"万国工业博览会"开始，世博会正日益成为全球经济、科技和文化领域的盛会，成为各国人民总结历史经验、交流聪明才智、体现合作精神、展望未来发展的重要舞台。上海世博会，不仅吸引了200多个国家和国际组织参展，吸引了海内外7000多万人次游客前来参观，从而以最为广泛的参与度载入世博会的史册，而且，上海世博会组委会始终以全球的视野来筹备和举办上海世博会，举全国之力，集世界智慧，最大限度地争取世界各国政府和各国人民的参与、理解和支持，使上海世博会真正成为"世界人民的大团圆"。

世博会：从经济到文化艺术

世界博览会，又称国际博览会及万国博览会，简称世博会、世博、万博，是一项由主办国政府委托有关部门举办的有较大影响和悠久历史的国际性博览活动。参展者向世界各国展示当代的文化、科技和产业上正面影响各种生活范畴的成果。

世博会的起源是中世纪欧洲商人定期的市集，市集起初只涉及经济贸易。到19世纪，商界在欧洲地位提升，市集的规模渐渐扩大，商品交易的种类和参与的人员愈来愈多，影响力也愈来愈大，从经济到生活艺术，到

生活理想哲学……19世纪20年代，这种颇具规模的大型市集便成为博览会（Expositions）。

1851年的第一届伦敦世博会就有中国的身影，当时中国广东商人许荣村将自己经营的"荣记湖丝"装成12捆，托运往英国，最终质压群芳，脱颖而出，独得金、银大奖。中国政府第一次自派代表，以国家身份参加的世界博览会是1876年的费城世界博览会。

其实，世界博览会也是一个富有特色的讲坛，它鼓励人类发挥创造性和主动参与性；把科学性和情感结合起来，将有助于人类发展的新概念、新观念、新技术展现在世人面前。

注册类世博会：全球最高级别博览会

自1851年英国伦敦举办第一届展览会以来，世博会因其发展迅速而享有"经济、科技、文化领域内的奥林匹克盛会"的美誉，并已先后举办过40届。

按照国际展览局的最新规定，世界博览会按性质、规模、展期分为两种：一种是注册类（以前称综合性）世博会，展期通常为6个月，每5年举办一次；另一类是认可类（以前称专业性）世博会，展期通常为3个月，在两届注册类世博会之间举办一次。国际展览局是专门从事监督和保障《国际展览公约》的实施、协调和管理举办世博会并保证世博会水平的政府间国际组织，目前有89个成员国。

注册类世界博览会不同于一般的贸易促销和经济招商的展览会，是全球最高级别的博览会。2010年上海世博会属于注册类世博会。

上海成功申办2010年世界博览会，为上海的城市建设、环境保护、经济和社会发展、提升城市品位和市民综合素质带来了巨大的机遇和挑战。世博会将带来的主要经济效应有：推动上海产业结构的调整、带动基础设施建设的升级、对GDP的贡献效应、增加就业机会以及后续经济效应等。

另外，世博会还将给上海带来其他效应，例如：提高上海的知名度和区域辐射作用。

中国举办世博会意义重大

世博会是一项有巨大影响和悠久历史的国际性博览活动，已经经历了百多年的历史，最初以美术品和传统工艺品的展示为主，后来逐渐变为荟萃科学技术与产业技术的展览会，成为培育产业人才和一般市民的启蒙教育不可多得的一种场所。世博会的会场不单是展示技术和商品，而且伴以异彩纷呈的表演，富有魅力的壮观景色，设置成日常生活中无法体验的、充满节日气氛的空间，成为一般市民娱乐和消费的理想场所。

全球融合即全球化，是经济文化发展的必然结果。在这个大趋势之下，中国举办世博会，意义重大。具体有：

1. 消费对生产具有反作用，消费发展促进生产的发展。举办世博会，将有力地扩大国内投资和消费需求，拉动相关产业如旅游业、文化产业、餐饮业、通信及交通业的发展，从而有效拉动国民经济的增长。

2. 促进国民经济又好又快发展，必须贯彻科学发展观。举办世博会有利于推动我国的自主创新和产业机构的优化升级；实现城市和谐和可持续发展的理念也将会促进经济发展方式的转变，提高可持续发展能力。

3. 有利于世界各国更加详细全面地了解中国文化，为弘扬中国文化提供了很好的契机。同时也为国人展现了世界其他文化的缤纷异彩，让国人不用出国门就能了解国外文化、风土人情，增强国人的见识。

4. 对各国间的文化交流、贸易往来、技术学习等都有很大的推动作用。

展示中国，沟通世界

改革开放的中国举世瞩目。30多年来，中国经济腾飞，政局稳定，文化繁荣，综合国力显著增强，已成为世界上经济发展最快和增长潜力最大的国家之一，令世界刮目相看。世博会在中国举行，不仅对中国的经济发展和繁荣产生巨大影响，也会增强其他发展中国家申办的信心。"中国如有一份幸运，世界将添一片异彩。"中国有信心办好这样一个大型世界博览会，给世界一个惊喜；有信心展示中国，沟通世界，并对人类发展作出应有的贡献。

上海世博会概况

申办历程

1999年12月，在国际展览局第126次全体大会上，中国政府正式宣布申办2010年世博会。

2000年3月17日，中国政府成立2010年上海世博会申办委员会，时任国务委员吴仪担任主任委员。

2001年5月，中国政府通过外交途径向国际展览局递交举办2010年上海世博会的申请函。

2002年1月30日，中国政府向国际展览局递交举办2010年上海世博会的申办报告。

2002年11月29日至12月5日，时任中共中央政治局常委、国务院副总理李岚清率中国代表团参加国际展览局第132次全体大会并作申办陈述。

2002年12月3日，经国际展览局大会投票表决，中国获得2010年世博会举办权。

会场位置

中国2010年上海世界博览会会场，位于南浦大桥和卢浦大桥区域，并沿着上海城区黄浦江两岸进行布局。世博园区规划用地范围为5.28平方千米，包括浦东部分3.93平方千米，浦西部分1.35平方千米。围栏区范围约为3.22平方千米。

展会主题

主题：城市，让生活更美好！

英文主题：Better City，Better Life.

副主题：

1. 城市多元文化的融合；

2. 城市经济的繁荣；

3. 城市科技的创新；

4. 城市社区的重塑；

5. 城市和乡村的互动

展会目标

1. 提高公众对"城市时代"中各种挑战的忧患意识，并提供可能的解决方案；

2. 促进对城市遗产的保护，使人们更加关注健康的城市发展；

3. 推广可持续的城市发展理念，成功实践和创新技术，寻求发展中国家的可持续的城市发展模式；

4. 促进人类社会的交流融合和互相理解。

会徽与吉祥物

2010年上海世博会会徽在2004年11月29日的"中国2010年上海世博会会徽揭晓仪式"上公布，会徽图案以汉字"世"为书法创意原形，并与数字"2010"巧妙组合，相得益彰，表达了中国人民举办一届属于世界的、多元文化融合的博览盛会的强烈愿望。

会徽图案从形象上看犹如一个三人合臂相拥，好似美满幸福、相携同乐的家庭，也可抽象为"你、我、他"的广义人类，对美好和谐的生活追求，表达了世博会"理解、沟通、欢聚、合作"的理念，突显出中国2010年上海世博会以人为本的积极追求。

会徽以绿色为主色调，富有生命的活力，增添了向上、升腾、明快的动感和意蕴，抒发了中国人民面向未来，追求可持续发展的创造激情。

中国2010年上海世界博览会吉祥物，于2007年12月18日20时揭晓。吉祥物由台湾资深设计师巫永坚设计，命名为"海宝（HAIBAO）"，取"四海之宝"意，主体为蓝色"人"字造型。

头发：像翻卷的海浪，显得活泼个性，点明了吉祥物出生地的区域特征与生命来源。

脸部：卡通化的简约表情，友好而充满自信。

眼睛：大大、圆圆的眼睛，对未来城市充满着期待。

蓝色：充满包容性、想象力，象征充满发展希望和潜力的中国。

身体：圆润的身体，展示着和谐生活的美好感受，可爱而俏皮。

拳头：跷起拇指，是对全世界朋友的赞许和欢迎。

大脚：稳固地站立在地面上，成为热情张开的双臂的有力支撑，预示中国有能力、有信心办好世博会。

上海世博会吉祥物的设计，从"城市，让生活更美好"主题演绎的角度出发，创造性地选用了汉字的"人"作为创意点。而吉祥物的蓝色则表现了地球、梦想、海洋、未来、科技等元素，符合上海世博会"城市，让生活更美好"的主题。吉祥物整体形象结构简洁，信息单纯，便于记忆，宜于传播。虽然只有一个，但通过动作演绎、服装变化，可以千变万化，形态各异，展现多种风采。

"上善若水"，水是生命的源泉。吉祥物的主形态是水，它的颜色是海一样的蓝色，表明了中国融入世界、拥抱世界的崭新姿态。海宝体现了"人"对城市多元文化融合的理想，体现了"人"对经济繁荣、环境可持续发展建设的赞颂，体现了"人"对城市科技创新、对发展的无限可能的期盼，也体现了"人"对城市社区重塑的心愿，还体现了"人"心中城市与乡村共同繁荣的愿景。海宝是对五彩缤纷生活的向往，对五光十色的生命的祝福，也是中国上海对来自五湖四海朋友的热情邀约。

以汉字的"人"作为核心创意，既反映了中国文化的特色，又呼应了上海世博会会徽的设计理念。在国际大型活动吉祥物设计中率先使用文字作为吉祥物设计的创意，是一次创新。

"人"字互相支撑的结构也揭示了美好生活要靠你我共创的理念。只有全世界的"人"相互支撑，人与自然、人与社会、人与人之间和谐相处，这样的城市才会让生活更加美好。"人"字创意造型依靠上海世博会的传播平台，成为了中国上海世博会的吉祥符号和文化标志。

上海世博会之最

上海世博会已有13项纪录入选世界纪录协会世界之最：

1. 上海世博会入选世界纪录协会世界上参加国家和组织最多的世博会。

2. 上海世博会入选世界纪录协会世界上志愿者人数最多的世博会。

3. 上海世博会是正式参展方的自建馆，大约有40个国家和国际组织报名建设，其数量为历届之最。

4. 上海世博会主题馆屋面入选世界纪录协会世界最大单体面积太阳能屋面。上海世博会主题馆屋面太阳能板面积达3万多平方米，是目前世界最大单体面积太阳能屋面，年发电量可达280万度，相当于上海4500多居民一年的总用电量，每年可减少二氧化碳排放量约2800吨，相当于每年节约标准煤1000多吨。

5. 上海世博会主题馆墙面入选世界纪录协会世界上面积最大的生态绿墙。上海世博会主题馆外立面的5000平方米生态绿墙为世界面积最大的生态绿墙，也是展馆节能的 大标志。绿化隔热外墙在夏季将有效阻隔辐射，使外墙表面附近的空气温度降低。到了冬天，外墙会形成保温层，降低风速，从而延长外墙的使用寿命。

6. 上海世博会园区入选世界纪录协会世界上保留园区内老建筑物最多的世博会。园区在市中心占地多达5.28平方千米，上海世博会园区面积是历届世博会之最。上海世博会园区内约有2万平方米历史建筑得以保留、保护，超过40万平方米的工业建筑将被保护性改造、置换，约占世博园区总建筑面积的五分之一，创下历届之最。

同时，世博园区所在地是上海工业遗产最集中的地方，这里的厂房承载着很多关于城市的历史记忆。对老建筑的保护利用成为世博会主题演绎中的重要内容。这些老建筑将在多种用途中获得新生：一部分将直接用于国家馆（工业厂房多为大跨度建筑，很适合用来进行展示）；另一部分是用于物流和后勤保障；最引人注目的还有5000平方米的世博会博物馆与2万平方米的城市文明馆，它们都设在原江南造船厂的老建筑内。

7. 上海世博会园区入选世界纪录协会世界上园区面积最大的世博会。在世博会民营企业联合馆内，有一个由3万个水晶展牌组成的"闪耀矩阵"展示墙，每个展牌上都镌刻着一个企业的名字。整个闪耀矩阵在灯光的照耀下将流光溢彩，色彩万千，是中国企业在世界级舞台上最引人注目的集体亮相。

8. 上海世博会直接投资为286亿元，如果加上车站这类配套建设投资，财政总预算将达到300亿元~400亿元，此为世界之最。

9. 上海世博会入园人数超过7000万人，人数是历届世博会之最。2010年10月16日，截至21时，进园参观世博会的人数已达103.28万人，成为世博会史上单天参观人数之最。

10. 首次同步推出网上世博会。

11. 世界上单体量最大的公厕。

12. 一天演出100场，成为世博会史上之最。

13. 上海世博会在2010年5月1日至10月31日期间，创造了世界博览会史上最大规模纪录。世界艺术家协会主席吴国化说：中国上海世界博览会是历届世界博览会最大的盛会，是中国人民的自豪！是中华民族的自豪！

中国馆：“创新”与“融合”的交响

创新是世博会亘古不变的灵魂。跨文化的碰撞和融合是世博会一如既往的使命。21世纪是城市发展的重要时期，因此，对未来城市生活的憧憬与展望是一项全球性的课题，它与不同发展水平的国家和人民都休戚相关。作为首届以“城市”为主题的上海世博会，在184天的展期里，世界各国政府和人民将围绕“城市，让生活更美好”这一主题充分展示城市文明成果，交流城市发展经验，传播先进城市理念，从而为新世纪人类的居住、生活和工作探索崭新的模式。中国2010年上海世博会将是一曲以“创新”和“融合”为主旋律的交响乐。

中国国家馆

在上海世博会众多展馆中，中国馆自然是最受欢迎的展馆，世博开园第一天，共接待游客3万余人。

中国馆以城市发展中的中华智慧为主题，表现出了“东方之冠，鼎盛中华，天下粮仓，富庶百姓”的中国文化精神与气质。展馆的展示以“寻觅”为主线，带领参观者行走在“东方足迹”“寻觅之旅”和“低碳行动”三个展区，在“寻觅”中发现并感悟城市发展中的中华智慧。展馆从当代切入，回顾中国30多年来城市化的进程，凸显30多年来中国城市化的规模和成就，回溯、探寻中国城市的底蕴和传统。随后，一条绵延的"智慧之旅"引导参观者走向未来，感悟立足于中华价值观和发展观的未来城市发展之路。

中国馆，共分为国家馆和地区馆两部分，国家馆主体造型雄浑有力，犹如华冠高耸，天下粮仓；地区馆平台基座汇聚人流，寓意社泽神州、富庶四方。国家馆和地区馆的整体布局，隐喻天地交泰、万物咸亨。中国馆以大红色为主要元素，以"斗冠"造型整合了中国传统建筑文化要素，让游客叹为观止。

此外，地区馆的设计也极富中国气韵，借鉴了很多中国古代传统元素。地区馆以"叠篆文字"传达出中华人文历史地理信息。在地区馆最外侧的环廊立面上，用叠篆文字印出中国传统朝代名称的34字，象征中华历史文化源远流长；而环廊中供参观者停留休憩的设施表面，镌刻各省、市、区名称34字，象征中国地大物博，各地团结共同进取。

传统文化的继承和转译

中国馆融合了中国古代营造法则和现代设计理念，诠释了东方"天人合一，和谐共生"的哲学思想，展现了艺术之美、力度之美、传统之美和现代之美，是对中国文化的最好表达。

"东方之冠"坐落在世博园区浦东区域主入口的突出位置，位于南北、东西轴线交汇的视觉中心，总建筑面积达16万平方米，由国家馆和地区馆两部分组成。国家馆居中突起，形如冠盖，层叠出挑，制似斗拱。它有四根粗大的方柱，托起斗状的主体建筑（斗冠）。斗冠由56根（象征56个民族）横梁借助斗拱下小上大的原理层层叠加而成，秩序井然，越抱越紧。看似零碎的部件，却有难以估量的承载力，可以托起千钧重量，象征了中国人民"只要团结，没有什么做不到"的思想主旨。

斗拱是一个极具象征性和代表性的建筑，参加世博会的外国人一望便知它是中国的。因为世界上有三大建筑体系，只有中国古代建筑极其智慧地采用了斗拱。

斗拱是我国传统木构架建筑中的一个奇特构件，早在公元前5世纪就已出现。它悬挑出檐，层层叠加，将檐口的力均匀传递到柱子上，其目的是将檐口加大并富有美感。这种形制在北京的天安门、山西应县的木塔、西安的钟鼓楼等建筑上都有应用。斗拱既是承重构件，又是艺术构件，它的应用使建筑形成"如鸟斯革，如翚斯飞"的态势。传统建筑中斗拱"榫卯穿插，层层出挑"的构造方式成为中国馆建筑形态的文化表达。

中国馆总设计师何镜堂院士认为："中国文化源远流长，很难用一个具象来表达文化的精髓，因此必须从总体意象中提炼。"为了选择一个合理的造型，他们从中国的绘画到雕刻，从出土文物到江南园林，从象形文字到京剧脸谱，每一个文化符号似乎都是中国文化的一部分，但每一个符号似乎又都不能达到心中理想的境界。经过百般琢磨，中国传统建筑中的斗拱对建筑设计师启发很大，于是决定从其入手，终获成功。

古代建筑斗拱挑出屋檐最多可以探出4米，而现代建筑用钢结构和混凝土，可以最大限度地发挥斗拱的优势。在建造过程中，中国馆对传统元素进行了开创性诠释，并大胆革新，将传统的曲线拉直，层层出挑，斗拱最短处就伸出了45米，最斜处伸长达49米，使主体造型显示出现代工程技术的力度美和结构美。这些简约化的装饰线条，自然完成了传统建筑的当代表达。

东方之冠，高高耸起，象征着中华的鼎盛与繁荣。而舒展平卧于国家馆之下的地区馆，则形成深厚的依托之态，为人们活动提供了厚重坚实的平台。它的布局借鉴了《禹贡》对疆土的概括，即"九州"之说。这个在圆明园中也有体现，其文化理念和空间意识的文化之根，可追溯到《周易》。

如果俯瞰中国馆的设计，就会发现其顶部平面呈经纬分明的网格架构，这个设计灵感来自于中国古代城市棋盘式的布局，即所谓"九宫格"结构，与历史上唐长安城、明清紫禁城等形成呼应。

建筑本身融合了中国哲学思想，比如"天人合一""和谐共生""道法自然"等。国家馆与地区馆的整体布局隐喻"天地交泰、万物咸亨"的愿望，展现了对理想人居社会环境的憧憬，与本届世博会的口号一致。

中国馆的建造既吸取传统文化营养，又开拓创新，使其造型雄浑有力，宛若华冠高耸，具有现代意识，符合当代国际上的高层审美趋向。

中国特色的体现与创造

中国馆"东方之冠"具有明显的中国特色，它融合了多种中国元素，并用现代手法加以整合、提炼和构成，国家馆的造型还借鉴了夏商周时期鼎器文化的概念。鼎有四足，起支撑作用。作为国家盛典中的标志性建筑，光有斗拱的造型还不够，还要传达出力量感和权威感，这就需要用四组巨柱，像巨型的四脚鼎将中国馆架空升起，呈现出挺拔奔放的气势，同时又使这个庞大建筑摆脱了压抑感。这四组巨柱都是18.6米×18.6米，将上部展厅托起，形成21米净高的巨构空间，给人一种"振奋"的视觉效果，而挑出前倾的斗拱又能传达出一种"力量"的感觉。通过巨柱与斗拱的巧妙结合，将力合理分布，使整座建筑稳妥、大气、壮观，极富中国气派。

同时，中国馆也面临着一系列的挑战和创新。比如，向前倾斜的倒梯形结构，是现代建筑向力学的又一挑战。将传统建筑构件科学地运用，是中国人的又一创造，它向世界传达了一个大国崛起的概念，也向世界展示了中国人的文化自信。

此外，中国馆的造型具有标志性、地域性和唯一性的特征，它的外表颜色也成为人们关注的问题。那么，什么颜色最能代表中国特色呢？设计者自然想到了"中国红"，一种代表喜悦和鼓舞的颜色，一种大气、稳重、经典的颜色。可是红色在大型建筑中非常难用，由于红色的波长强、刺眼而跳跃，搞不好会有飘起来的感觉，从而影响整体形象。其实，中国红是一个概念比较模糊的颜色，大红的对联，火红的灯笼，红红的中国结，这些都叫中国红。可是在不同的历史时空环境中，它又呈现出多种审美表达。如故宫太和殿所展示的"红"就达五种之多，怎样在现代建筑中用好"中国红"呢？为此，设计者专门请来中国美术学院研究所的专家，通过反复试验，现场观察，实物对比，最后商定中国馆不可能用一种红，而是借用故宫红的色彩，采取多种渐变。于是，就有了中国馆外表从上到下，由深到浅四种红色的"退晕"渐变，上面重一点，下面轻一点，既传统又时尚，丰富了中国红的内涵，使整个建筑呈现出一种层次感和空间感，极富生气和活力。中国馆披上了"中国红"，传达出喜庆、吉祥、欢乐、和谐的情感，展示着"热情、奋进、团结"的民族品格。这是对中国特色的又一最好解读和表达。

时代精神的彰显与弘扬

巍峨壮观的中国馆绝对高度63米，相当于西安大雁塔（64米），具有极大的震撼力和视觉冲击力。它的外形既像宝鼎，又像一盏巨大的酒杯，高高举起，盛情欢迎五洲四海的朋友；同时它又像一只展翅欲飞的大鹏，冲天而起，预示着中国将翱翔万里。

中国馆建筑与时俱进，顺应时代发展潮流，它递交了一份以建筑为表述的"时代宣言"。中国馆通过现代手法对中国元素的演绎创造，向世界展现出充满活力、和谐发展的现代中国。华冠耸立的国家馆，下部33米完全挑空，这些中心对称的空间和地区馆平坦延伸的空间，为人们休闲交流提供了充分的开放场所。具体地说，有四大交流平台，而这四大平台正体现了现代国际建筑设计的重要理念，即开放性和公共性，反映了时代精神。

在21世纪的今天，环境和能源问题是城市化进程中的现实问题，中国馆的建造处处透露出环保和节能的信息。外墙材料使用无放射、无污染的绿色产品；所有管线和地铁通风口都巧妙地隐藏在建筑体内；国家馆顶层景观台使用最先进的太阳能板，储藏阳光并转化为电能，可实现中国馆照明全部自给；同时还有雨水收集处理系统，雨水通过净化后用于冲洗卫生间和车辆；地区馆表皮还设计有气候缓冲带，屋顶运用生态农业景观技术，土层覆盖达1.5米，可实现有效隔热，节省能源在10%以上；在地区馆南侧大台阶水景观和南面的园林设计中，引入了小规模人工湿地技术，在不需要大量用地的前提下，为城市提供局部生态化景观。

雄伟高耸的世博会中国馆，阐释着中国特有的建筑美学，体现着厚重的中国文化，表达着亿万中国人的开放情怀，展现出城市发展的中华智慧。

北京故宫百年大修
——以古复古，重现盛世华彩

从皇权象征到传统文化的化身

　　紫禁城，初建于明朝，鼎盛于清代，500年间它曾是封建皇权的象征，帝王将相的舞台。故宫文化，是以皇帝、皇宫、皇权为核心的帝王文化、皇家文化，或者说是宫廷文化。如今，它历经风雨，走向复兴，最终成为人类共同的文化艺术宝库。今天，紫禁城既古老又新鲜，它正承载着历史，创造着未来！

北京故宫概况

　　北京故宫，世界上现存规模最大、最完整的古代宫殿建筑群。"焕五彩之辉煌，作九重之严密"，这是明永乐年间文渊阁大学士金幼孜在《皇都大一统赋》中对北京故宫的赞语。作为明、清两代帝王的宫殿，故宫已经历了600年的风风雨雨，记录着历史的兴衰。

　　公元1406年（永乐四年），明成祖朱棣下令在元大都宫殿的基础上兴建北京城，此后，备料和施工持续了14年。准备木料的工匠们在浙江、江西、湖南、湖北和四川的森林里砍伐巨木，然后顺着当地河道运入长江，顺长江之水漂送到大运河，再经运河北上到北京。这样，大约需要3~4年的时间。建造紫禁城所需的8000万块用砖中，用于殿堂铺地的金砖是江苏苏州特产，明朝政府规定，漕运粮船经过产砖地，必须装载一定数量的砖才能放行。最艰苦的工程是运送台基、台阶、栏杆所需的汉白玉石料。原因就在于这项工程必须在冬季进行，因为这时候可以在路上泼水成冰。如果说这些工程还可以用具体数字和时间来描述的话，那么，600多年前10万工匠和数十万劳役同时在故宫数平方千米的建筑工地上铺砖架木、雕梁画栋的恢宏场面，则是今人所难以想象的。故宫于1420年（永乐十八年）基本竣工，历时14年。

故宫南北长961米，东西宽753米，面积约为725000平方米。建筑面积15.5万平方米。据1973年专家现场测量，故宫有大小院落90多座，房屋有980座共计8707间。宫城周围环绕着高12米、长3400米的宫墙，形式为一长方形城池，墙外有52米宽的护城河环绕，形成一个壁垒森严的城堡。故宫宫殿建筑均是木结构、黄琉璃瓦顶、青白石底座，饰以金碧辉煌的彩画。故宫有4个门，正门名午门，东门名东华门，西门名西华门，北门名神武门。面对北门神武门，有用土、石筑成的景山，满山松柏成林。在整体布局上，景山可说是故宫建筑群的屏障。

故宫的建筑，依据其布局与功用分为"外朝"与"内廷"两大部分。"外朝"与"内廷"以乾清门为界，乾清门以南为外朝，以北为内廷。故宫外朝、内廷的建筑气氛迥然不同。外朝以太和、中和、保和三大殿为中心，是皇帝举行朝会的地方，也称为"前朝"，是封建皇帝行使权力、举行盛典的地方。此外，外朝的两翼，东有文华殿、文渊阁、上驷院、南三所；西有武英殿、内务府等建筑。内廷以乾清宫、交泰殿、坤宁宫后三宫为中心，两翼为养心殿、东西六宫、斋宫、毓庆宫，后有御花园，是封建帝王与后妃居住之所。内廷东部的宁寿宫是当年乾隆皇帝退位后养老而修建。内廷西部有慈宁宫、寿安宫等。此外还有重华宫，北五所等建筑。

故宫建成后，经历了明、清两个王朝，到1911年清帝逊位的约500年间，共住过24位皇帝。可以说，故宫就是明清两朝最高统治核心的代名词。明清宫廷500多年的历史，包含了帝后活动、等级制度、权力斗争、宗教祭祀等。由于明清宫廷是封建制度高度完备的最高统治中心，当时普通人连走近紫禁城墙附近的地方都算犯罪，所以发生于其中的不寻常的大事，往往都是围绕皇权的传承与安危展开的。如明代正统皇帝复辟的夺门之变、嘉靖皇帝被宫女谋刺的壬寅宫变，清初诸王大臣为确立皇权的三官庙之争、清末慈禧太后谋取权力的辛酉政变等等。

1911年辛亥革命后，紫禁城宫殿本应全部收归国有，但按照那时拟定的《清室优待条件》，逊帝爱新觉罗·溥仪被允许"暂居宫禁"，即"内廷"部分。1924年，冯玉祥发动"北京政变"，将溥仪逐出宫禁，同时成立"清室善后委员会"，接管了故宫。1925年10月10日，故宫博物院正式宣布成立，对外开放。从此以后，紫禁城才被称为"故宫"。但是，由于缺乏照料和管理，从1911年到1949年的38年中，故宫建筑日渐破败，有多处宫殿群倒坍，宫殿中垃圾成山。

新中国成立后，国务院于1961年宣布故宫为第一批"全国重点文物保护单位"。从20世纪五六十年代起，故宫开始了大规模的修整。1987年，故宫被联合国教科文组织列为"世界文化遗产"。

故宫大事记

1406年（永乐四年），明成祖颁诏迁都北京，下令仿照南京皇宫营建北京宫殿。

1420年（永乐十八年），北京宫殿竣工。次年发生大火，前三殿被焚毁。

1440年（正统五年），重建前三殿及乾清宫。

1459年（天顺三年），营建西苑。

1557年（嘉靖三十六年），紫禁城大火，前三殿、奉天门、文武楼、午门全部被焚毁，至1561年才全部重建完工。

1597年（万历二十五年），紫禁城大火，焚毁前三殿、后三宫。复建工程直至1627年（天启七年）方完工。

1644年（崇祯十七年），李自成军攻陷北京，明朝灭亡。李自成向陕西撤退前焚毁紫禁城，仅武英殿、建极殿、英华殿、南薰殿、四周角楼和皇极门未焚，其余建筑全部被毁。同年清顺治帝至北京。此后历时14年，将中路建筑基本修复。

1683年（康熙二十二年），开始重建紫禁城其余被毁部分建筑，至康熙三十四年（1695年）基本完工。

1735年（雍正十三年），清高宗（乾隆帝）即位，此后六十年间对紫禁城进行大规模增建和改建。

1813年（嘉庆十八年），天理教教徒林清率起义军攻打紫禁城。

1900年，八国联军攻陷北京。

1911年，武昌起义爆发，清帝退位。但按照与中华民国南京临时政府签订的优抚条件，清帝仍然居住于紫禁城内。

1923年，建福宫发生火灾。

1924年，冯玉祥发动"北京政变"，驱逐清逊帝溥仪出宫。

1925年，在原紫禁城的基础上建立故宫博物院。

1933年，故宫博物院文物南迁，以躲避日本侵略。

1948年，故宫博物院南迁文物部分运往台湾。

1949年1月，北平稳定后，故宫得到了修养。20世纪五六十年代，陆续有人提出故宫改建计划，后因种种原因搁置。

1961年，经国务院批准，北京故宫被定为全国第一批重点文物保护单位。

1987年，北京故宫被联合国教科文组织列入"世界文化遗产"名录。

2002年，北京故宫开始进行为期19年的大修。

故宫整体维修是国之大事

1949年年初时，故宫不仅一些院落房屋倒塌、荒草没人，还有很多地方堆满了垃圾。据说当时的一些老百姓，把故宫称为一堆破庙。新中国成立之初，中央政府的财政极端的紧张，但在那样困难的情况下，新生的共和国依然拨出专款，用来修缮故宫。

在这一次修缮中，光是垃圾就运走了25万立方米；用这些垃圾，可以从北京到天津，修一条6米宽、路基35厘米高的公路。由此可以看到当时故宫破败凄凉的惨况。

在那些破损和老旧的房子被修复的同时，故宫博物院的库藏也逐渐充实起来。这个时候，被溥仪留在天津的一部分故宫旧藏回来了；被国民党政府从故宫搬迁至南京的文物中，有2000多箱也回来了。

此后，国家在故宫维护上不断投入，但仍不能满足保护故宫的需求。很多地方长期得不到维修，情况越来越严重，最终引起了中央领导的关注。

2001年11月19日，时任国务院副总理的李岚清来到故宫，就此问题召开办公会议，随后国务院发了《会议纪要》。故宫整体维修是国之大事，历史重任，在中央领导的关心下，故宫大修工程由财政部、文化部、国家文物局三个部门推动步入正轨。经过3年的努力，2005年3月15日，《故宫保护总体规划大纲》（简称大纲）得到了国家文物局批复。《大纲》确定，大修工程的目标是完整保护和整体维修故宫建筑群，故宫大修分近期、中期、远期三个阶段：2003年至2008年、2009年至2014年、2015年至2020年。这是自辛亥革命推翻封建王朝以后，近百年来，这个世界上规模最大、最完整的古代宫殿建筑群的首次整体大修。这也是紫禁城自清代康乾盛世以来，走向新的盛世辉煌的一种象征。

2004年6月4日被定为紫禁城全面修缮工程正式开工的日子，这一天将在故宫的历史上留下浓重的一笔。尊重历史，恢复原貌，是这次故宫大修所遵循的原则，将被贯彻在故宫大修的整个漫长过程之中。

这次大修将历经19年时间，总投资近20亿元人民币。2008年北京奥运会前夕，整个故宫中轴线上的建筑以全新面貌迎接了世界各地的游客。到2020年，紫禁城600年华诞的时候，大修工程将全部结束。到那个时候，人们将重新看到历史上康乾盛世之时的紫禁城的面貌。

就在故宫的建筑进行大修的同时，它的内部也在发生着变化。有40多年历史的珍宝馆和钟表馆重新布置后再次开放，同样的文物，带给人们的是全新的感受。与此同时，更多的馆藏文物，以不同的形式陆续与观众见面。

故宫现有馆藏文物150万件，由于数量巨大，种类繁多，多年来，许多文物只能沉睡库房。从2004年起，一项为时7年的文物清理计划全面启动，包括收藏文物、宫廷生活用品以及各类资料在内的所有文物将通过最现代的信息化管理技术完成全面清点，并纳入正规管理，得到妥善收藏。

尊重历史、恢复原貌的百年大修计划

故宫文化从一定意义上说是经典文化，经典具有权威性、不朽性、传统性。故宫文化具有独特性、丰富性、整体性以及象征性的特点。同时，它与今天的文化建设是相连的。对于任何一个民族、一个国家来说，经典文化永远都是其生命的依托、精神的支撑和创新的源泉，都是其得以存续和赓延的筋络与血脉。故宫的重建工作意义重大，这不仅是对故宫古建筑的尊重，还是对中华民族的尊重，是对源远流长的中华传统文化的尊重。

武英殿——故宫大修的"试点"工程

故宫大修工程从2002年底对武英殿进行修缮试点开始。武英殿位于太和殿西南方，内金水河畔，落成于明永乐年间（1420年），占地约1.2万平方米，主要建筑60余间，6500多平方米（相当于一个足球场）。建筑群为前后两重，由武英门、武英殿、敬思殿、凝道殿、焕章殿、恒寿斋、浴德堂诸殿堂以及左右廊房63楹组成。

1644年明清交替之际，李自成的大顺军攻陷北京，崇祯帝缢死煤山，吴三桂献山海关投降清军。4月29日，李自成在武英殿仓促登基，做了一天的大顺朝皇帝。大顺军因军心懈怠，无力抵抗入关的清兵，翌日便撤离北京。不久，多尔衮占领京城，被投降的明朝官员用龙轿抬进武英殿；数月后，顺治帝入关登基，一开始也是住在武英殿。一幕幕令人眼花缭乱的"历史大戏"，在武英殿里相继上演。清康熙十九年（1681年），这里成为清宫修书处，为皇室编书出书服务。在这里修书、编书、校书的最多时有上千人，造就了著名的武英殿"殿版"书。同治八年（1869年），武英殿被火焚，烧毁正殿、后殿、殿门、东配殿、浴德堂等建筑共37间，书籍版片焚烧殆尽。同年，武英殿重建。

武英殿建筑格局奠基在明代，主要建筑是清同治八年（1869年）大火后再建的，并于光绪二十八年（1902年）进行过大规模整修。1914年，沉寂多时的武英殿再次热闹起来。在民国政府内务总长朱启钤的主持下，重修过廊，凿墙开窗，武英殿被改建为古物陈列所。1925年10月10日，故宫博物院成立，陈列所正式对外开放，500年的皇宫禁地第一次向公众打开了厚重的大门。两天之内，5万名市民拥入紫禁城。随后，武英殿里安装了紫禁城内的第一部电话和自来水系统。

古建修缮的第一步是前期勘察设计工作。2001年起，故宫工作人员花了一年多的时间查找武英殿的历史资料、进行现场勘察、做设计方案。在勘察中，发现大殿的两个大梁以及一根立柱已经严重腐朽。作为故宫大修的"试点"工程，除了古建筑的修缮外，武英殿工程还肩负着另外两重使命：一是在许多传统材料、传统工艺已经失传的前提下，解决古建修缮中最关键的木、瓦、油（颜料）的难题；二是为已经全面启动的故宫大修找出一条科学修缮、使用和管理的道路。

现在故宫古建修缮中心的在职人员有100人左右，这些工匠的平均年龄有四十六七岁，全都是北京人。在这次大修中，这些工匠是绝对主力。有的故宫古建施工队员工是祖孙三代都在这里工作。故宫大修工程的六大主要材料中，砖、琉璃瓦、木材、石材、金箔五种，完全是传统材料，甚至砖、瓦、石、金的生产场地都是历史上的原产地。

在此次对武英殿的大修中，琉璃瓦破损或脱釉严重的都被换掉，此次共换掉约30％，主要是前殿和后殿前面的屋顶。所有的琉璃瓦都有单独的样式要求，都是手工加工。瓦胎的土料都是来自北京门头沟。故宫古建筑中包含大量油饰彩画，其中许多是清朝康乾时期的彩画，这些彩画十分珍贵。但是，现在内檐现存彩画不同程度地出现了表层龟裂、起甲、剥离、褪色、污染等病害现象，地仗酥碱、空鼓较严重，有些脱落严重。技术人员借助了一些现代技术，譬如对于局部空鼓和部分起甲的彩画，采取注射渗透加固的方法。

故宫维修过程中，激光雷达技术被应用于古建筑数字化保护，古建筑木构件树种配置模式以及物理学性质变异性研究也得到运用。在清洗"水晶宫"故宫灵沼轩时，选择国际先进的喷砂物理方法进行了试验——欧美许多主要古迹清洗保护采用该项技术，如梵蒂冈"天主大教堂"、埃及梅农巨像、美国自由女神像、美国国会山总统像等。

大修后的武英殿成为故宫博物院书画馆，常年展出馆藏书画，包括：王羲之的《兰亭序》临本、黄庭坚的《诗送四十九侄》卷、米芾《珊瑚贴》页、赵孟頫《秀石疏林图》卷、唐寅《钱塘景物图》轴、文徵明《曲港归舟图》轴、傅山草书诗轴、朱耷《弇州山人诗》轴、石涛《云山图》轴等，展览的每一幅作品都是美术史上的经典之作。其中展出的69件书画精品均为国家一级文物，尤其是"晋唐宋元"部分的12件均是一级甲等文物。故宫博物院收藏有除帝后书画外的历代书画作品4.5万余件，历代书法作品5万余件，囊括了自两晋到明清近2000年不同时期的优秀佳作，基本能够反映中国美术史发展的脉络。

建福宫花园——复建工程历经6年

紫禁城内西北隅，有一座清代乾隆初年建成的宫廷花园，因其随建福宫而建，故名"建福宫花园"，又因花园地处内廷西部，亦称为西花园。北京故宫内现存的四座御花园中，建福宫花园是规模较大、年代较早、造园艺术极高的一座。

建福宫花园始建于清乾隆五年（1740年），面积4074平方米，总建筑面积为2808.98平方米。有建筑10余座，且宫室轩馆无所不有，亭台楼阁高低错落，更配以山石树木，秀丽典雅，集宫、殿、楼、阁、斋、堂、亭、轩于一体，是乾隆皇帝参照江南私家园林营建的宫中之园，也是紫禁城内空间变化最丰富的院落。这组建筑分为东西两部分，东一组依南北轴线依次排列为抚辰殿、建福宫、惠风亭、静怡轩、慧曜楼，以三组院落连为一体，前部紧凑，后部疏朗，风格各异而错落有序，布局不失皇宫建筑的严谨。西一组呈以延春阁为中心的向心布局，阁北有敬胜斋相伴，南有叠石相依，西有碧琳馆、妙莲华室、凝晖堂，东与静怡轩相邻，体现了乾隆朝宫廷花园灵活多变、丰富多彩的特点。由于乾隆皇帝的钟爱，乾隆三十九年（1774年）肇建宁寿宫花园时，更将建福宫花园作为蓝图之一。

建福宫花园建成后，乾隆皇帝对他着意经营的花园十分得意，将他自己收藏的古物珍玩和各地进贡、大臣们奉献的精品珍宝都收存在这里，这里因此成了清宫内收藏珍宝最多的地方。乾隆去世后，继承其位的嘉庆皇帝为了防止其珍宝流失，下令将这些珍宝玩物全部封存，装满了建福宫一带的许多殿堂和库房。

1923年6月27日夜里，一股浓烟突然从建福宫花园中升起，随即大火熊熊蔓延，整整烧了一昼夜，直到第二天才被扑灭。静怡轩、延春阁、敬胜斋及中正殿等皆焚于火，这座瑰丽的皇家花园连同无数文物珍宝化为灰烬，只剩下了不能燃烧的石砌台基和太湖石，损失之大无可估量。据逊位清皇室内务府开具的一张清单上说：此次共烧毁金佛2665尊、字画1157件、古玩435件、古书几万册。

在时隔近80年后，1999年故宫博物院启动了建福宫花园复建工程。复建工程主要得益于以香港企业家陈启宗先生为主席的香港中国文物保护基金会的资金支持，基金会通过中华文物交流协会，为复建工程提供了全额经费的捐款。经国务院批准，复建工程于2000年5月正式开工。

复建工程包括建福宫花园及建福宫后半部分建筑。故宫古建部为复建方案搜集了大量资料，为工程提供了翔实、可靠的资料和复原设计。古建修缮中心组织进行了精心施工，香港中国文物保护基金会监理。复建工程历经6年，至2006年秋基本竣工。

建福宫花园的复建工程不仅重现了一座瑰丽华美的皇家花园，抹去了20世纪紫禁城中的这片疤痕，并且使古建筑传统的工艺做法得以传承。复建的建福宫花园内古建筑彩画富丽堂皇，使用了大量沥粉贴金进行渲染，共用黄金2800多克，用金量在同等面积中国古建筑中堪称之最。复建工程中难度最大的是采购材料，复建使用的材料都要去原物产地采购。在延春阁东侧的院内，两处约3米高的虎皮石墙已经坍塌大半。这两处石墙，清代使用的是多种颜色的砂质石材。为了寻找同样的石材，工作人员花费了两年时间，在全国范围内搜寻，才最终找到。

明清时代中国文明无价的历史见证

故宫被誉为世界五大宫之一（北京故宫、法国凡尔赛宫、英国白金汉宫、美国白宫、俄罗斯克里姆林宫），并被联合国教科文组织列为"世界文化遗产"。世界遗产委员会对它的评价是：紫禁城是中国五个多世纪以来的最高权力中心，它以园林景观和容纳了家具及工艺品的9000个房间的庞大建筑群，成为明清时代中国文明无价的历史见证。

北京故宫：汉族建筑之精华

北京紫禁城（故宫）为明代修建，清承明制，有所增益。故宫建筑群中，体现了汉式宫殿建筑的以下特点：

1. 故宫建筑取坐北朝南的方向，施工前，立华表以确定方位。表是古代用来确定建筑方位的标杆，一般以木为材料。天安门之前，立雕饰石柱为华表，指示整座紫禁城的建筑方向，并与主体建筑风格协调，成为一种装饰。

2. 平面布局以大殿（太和殿）为主体，取左右对称的法式排列诸殿堂、楼阁、台榭、廊庑、亭轩、门阙等建筑。

3. 殿堂建筑以木构架支撑，柱底下都有石柱础，砖修墙体北、西、东三面维护，上盖金黄色琉璃瓦屋顶。

4. 屋顶正脊两端的正脊吻及垂脊吻上有大型陶质兽头装饰，戗脊上饰有若干陶质蹲兽，歇山式屋顶（如中和殿）有宝顶。

5. 斗、拱、檐、桁、额、枋表面刻画不同的图案和花纹，有动物纹样如龙、凤、狮、虎、鸟、兽、虫、鱼，植物纹样如藤、蔓、葵、荷、花、草、叶，自然纹样如山、水、日、月、星、辰、云、气，几何纹样如方形、菱形、回纹、雷纹，文字花纹如福、寿、喜、吉，器具花纹如钱纹、元宝纹等，有美观与防腐双重功用。其他如悬鱼、窗棂、栏杆、壁画、天文板、藻井、隔断等装饰纹样多种多样。

6. 宫殿装饰色彩，屋顶多用金黄色，立柱、门窗、墙垣等处多用赤红色装饰，檐、枋多施青、蓝、碧、绿等色，衬以石雕、栏板及石阶之白玉色，形成鲜明的色彩对比。

传统工艺的延续和保持

从2004年6月开始，故宫中轴线上东西两庑的修缮工程陆续开工，由于北京市的交通管制，运木的车辆都要在夜里1点钟左右进入故宫。

明朝初年，修建紫禁城的时候，所用木材都是最好的楠木和杉木，而现在像当年那样的巨大楠木已经难见踪迹。这次故宫大修用的都是大兴安岭的松木，它们也是百里挑一的深山红松。这次故宫大修使用木料数量巨大，据统计，到2009年为止，至少已使用2700立方米的木材。

这次故宫大修，为了保持紫禁城建筑的原貌，大量使用了传统材料和工艺。如工人涂抹的"地仗"（即将发酵的猪血、白面、桐油、砖灰这几样看起来毫不相关的东西和在一起，这是一种非常古老的传统工艺，通过工匠艺人们一代代的口口相传而流传至今），附着在木材表面，将起到保护和防腐的作用。调配"地仗"的各种材料的构成比例，是被严格保密的。至少从清朝开始，这种工艺就在修缮紫禁城的工程中使用。"地仗"灰的外面还有苎麻，它可以使"地仗"不开裂。像大门这样面积较大的地方，最多要铺六层地仗、两层苎麻，行话叫"两麻六灰"。民间传统工艺的使用，将使大修之后的故宫依然传承着数百年来，中国传统建筑的历史。

太和殿，人们俗称金銮殿，它的确是紫禁城中用金子装饰最多的宫殿，但铺设太和殿地面的被叫做金砖的砖，却与金子无关。从明朝初建时起，这种由特殊工艺制成的金砖一直是紫禁城的专用品，在故宫的重要宫殿中都有铺设。现在我们看到的太和殿金砖，是清朝康熙年间铺设的。至今，它们依然光亮如新。

这种世界上独一无二的金砖出产在苏州陆墓御窑砖瓦厂，现代金砖制作仍然采用古法，几百年来，它的工艺代代相传，延续至今。首先要把土料挖出来晾，经过风吹、雨淋、日晒，然后将土埋在土池里一段时间后再挖出来晾，接下来才能制作土坯。烘烤通常要四五十天。制造金砖的整个过程，需要一年半的时间。其选料精良、制作精细，"敲之有声，断之密而无孔"，颜色非常均匀，密度达标，是延续明清历史传统的成熟产品。此次故宫大修，协和门外的地面等多处地方都换上了这种新的苏州金砖，但重要大殿室内的砖并没有更换，那些金砖历经数百年，还依然保存完好。

中国民族民间文化保护工程
——留住百姓生活的智慧

一项艰巨的文化建设基础性工作

中国民族民间文化保护工程，是在过去民族民间文化保护工作成果的基础上，结合新时期的新情况和新特点，由政府组织实施推动的，对我国的具有历史、文化和科学价值的民族民间文化进行有效保护的一项系统工程，也是一项重要的文化建设基础性工作。它涉及面广、工作任务重、组织难度高，因此，"保护工程"具有长期性、复杂性和艰巨性的特点。

建立我国民族民间文化资源档案库

"民族民间文化"与"非物质文化遗产"，不管从形式、定义，还是从内容、研究对象上看，都是一致的，只是"民族民间文化"的创作主体限定在"民"（主要指农民、市民），没有"非物质文化遗产"的那么广泛，所以一般来说，两者的概念不可以置换，但它们在实质上是一样的。

2003年1月20日，文化部正式启动中国民族民间文化遗产保护工程，将通过建立遗产代表作名录、遗产传承人和文化生态保护区等方式，对我国浩如烟海的民族民间文化遗产尤其是濒危遗产展开抢救和保护。为此，文化部专门成立领导小组，在当日举行的中国民族民间文化遗产保护座谈会上，向担任专家委员会顾问的知名学者颁发了聘书。

自20世纪50年代起，我国就开始组织对部分民族民间文化遗产进行调查和研究。1979年以来开展了编纂十大文学艺术集成志书的工程。据不完全统计，截至2003年初，已收集民间歌谣302万首，谚语748万条，民间故事184万篇，民间戏曲剧种350个，剧本1万多个，民间曲艺音乐13万首，民间器乐15万首，民间舞蹈1.71万个，文字资料50亿字。2004年，志书全部出齐300部450册省级卷，一个系统、规范的民间文学艺术档案就算正式建立了。

文化部以专门成立"振兴京剧指导委员会""振兴昆曲指导委员会"或采取资助等形式，重点扶持具有重要价值的民族民间文化遗产，并努力推动昆曲首批入选"人类口头和非物质文化遗产代表作"名录。此外全国有322个乡镇被命名"艺术之乡"，204名传统艺人被命名为"工艺美术大师"，促使鼓励各地加强对民族民间文化的整理、保护和开发。同时，对于濒临失传的民间绝技，国家还给予民间艺人以适当的资助，鼓励其带徒传艺。

2003年，这一工程着手全国民族民间文化资源的普查和工程开展实施试点，在以往工作的基础上进一步开展，摸清家底，分门排队，目标是建立我国民族民间文化资源档案库。

积极稳妥地开展"保护工程"试点工作

实施中国民族民间文化保护工程是一项探索性工作，必须采取试点先行、以点带面的工作方式，通过试点地区的积极探索，努力实践，摸索出不同地域、不同层面民族民间文化保护工作的经验；并在交流、总结试点工作经验的基础上，积极、稳妥地逐步在全国范围内推开。

1. 试点工作的范围

民族民间文化保护试点工作的范围包括：濒危的古语言文字；口述文学；民间艺术（音乐、舞蹈、美术、戏剧戏曲、曲艺、杂技、木偶、皮影等）；传统工艺和技艺；民俗（传统礼仪、节日、庆典、游艺等）；与上述各项相关的代表性原始资料、事物、建筑和场所；其他需要保护的特殊对象。除上述专业性范围外，试点工作的范围还包括省（自治区、直辖市）、地（市）、县等各级行政区域的民族民间文化保护工作。

2. 申报试点应具备的条件

（一）能集中反映当地原生态的民族民间文化特色，并具有重大的历史、文化和科学价值。

（二）当地政府重视民族民间文化保护工作，已制定了相关政策和规划，并有一定投入。

（三）采取了具体的民族民间文化保护措施，并取得一定成效。

（四）民族民间文化保护工作具有相当的专业条件和群众基础。

3. 试点方式与申报程序

试点工作采取分级试点的方式。保护中国民族民间文化是各级政府的职责，因此，在申报国家级试点的同时，各省（自治区、直辖市）、地（市）、县要根据自己的实际情况，分别开展不同层面的试点工作。

试点的申报程序分三个步骤：

（一）申报。根据试点应具备的条件和本地实际情况，采取县、地（市）、省（自治区、直辖市）逐级上报的方式申报试点项目。由省（自治区、直辖市）文化厅（局）作为申报单位，将申报国家级试点项目的申报表及有关资料，统一报送"保护工程"国家中心。

（二）评审。各级文化主管部门分别组织专家对各地申报的试点进行论证，评审出各级试点的初选名单。

（三）确定。经各级"保护工程"领导机构审定后，确定试点名单，并报上一级文化主管部门备案。

4. 试点的类型与主要任务

试点分两种类型：一种是区域性（如省、地、市、县、乡）民族民间文化保护工作的综合试点；另一种是专业性民族民间文化保护工作试点。

综合性试点主要从宏观管理角度，侧重民族民间文化保护工作的政策法规和制度建设，其主要任务是：

（一）研究制定民族民间文化保护的地方性政策法规，为民族民间文化保护工作提供法律和政策保障。

（二）全面普查本地区民族民间文化资源，摸清底数，在此基础上，制定系保护工作的规划和具体的实施方案，明确目标与步骤。

（三）建立民族民间文化分级保护制度，编制本地区民族民间文化保护名录。

（四）建立保护工程组织工作体系。根据"政府主导、社会参与"的原则，组织各有关部门、单位与社会各界共同参与"保护工程"，建立行之有效的组织工作体系。

（五）探索保护工作机制。要以科学的态度，采取各种有效的保护手段与措施，特别是"活保护"的措施，使当地的民族民间文化得到有效的保护和传承，探索和建立可持续发展的民族民间文化保护工作的机制。

专业性试点主要侧重研究制定某一门类民族民间文化保护的标准规范和具体保护措施，其主要任务是：

（一）摸清该类民族民间文化的基本情况。充分调查了解其历史沿革、价值、传承和目前状况等，在此基础上，寻找保护工作的切入点，有针对性地开展保护工作。

（二）研究制定该类民族民间文化保护的标准和规范，并不断加以完善。

（三）根据该类民族民间文化艺术形式的特点和规律，采取有针对性的保护与传承措施。积极运用现代技术手段记录整理有关资料；研究并妥善处理相关的知识产权问题。

（四）取得该类民族民间文化保护工作的阶段性成果。

试点工作的要求

1. 建立健全组织工作机制。各级政府文化主管部门要切实担负起领导责任，要把试点工作作为当前的工作重点，列入日程。要明确各有关部门的职责分工，落实工作班子和人员，统一安排部署工作，落实试点工作各项任务。

2. 因地制宜，制定试点工作方案。按照"保护为主，抢救第一，合理利用，继承发展"的保护工作指导方针，根据当地的工作基础和条件，在充分论证的基础上，制定符合实际、目标明确、任务具体的试点工作方案。

3. 落实经费投入。要落实相应的保护工作专项经费，同时，吸纳社会资金，支持试点工作的开展。

4. 深入调研，摸清情况。要根据试点工作的类型和各门类文化形态的特点，深入开展综合性或专题性的调查研究工作，在仔细分析当地民族民间文化资源情况的基础上，认真研究试点工作的重点、难点问题，有针对性地研究解决。

5. 培训专业骨干。要加强对现有人员的培训工作，不断提高其专业水平和管理水平；同时在工作实践中大力培养所需的各类人才，为今后"保护工程"工作的全面实施，提供后备人才资源。

6. 注重科学方法。试点工作既要勇于探索，大胆实践，又要讲求科学。要注意听取专家的意见，积极发挥专家的咨询论证和学术指导作用；要学习和借鉴国际上的成功做法与经验。对工作实践中出现的问题，要加强研究，及时总结和提高，形成新的思路。

7. 突出重点，分类指导。要选择那些具有重大历史、文化和科学价值，又处于濒危状态急需抢救、工作基础好、能体现阶段性保护成果的项目作为试点工作的重点，并根据不同地区、不同门类文化形态的特点和不同类型试点的工作任务，进行分类指导。

8. 加强组织协调，扎扎实实推进。各地的文化主管部门，要担负起试点工作的具体组织与协调任务，广泛调动社会各方面的力量，形成全社会参与的格局。试点工作要始终坚持务实求实的精神，通过精心策划和实施，保证试点工作各项任务落实到位；要充分发挥试点的典型示范和引导带动作用。

9. 加强信息沟通。各试点承担单位和管理部门要与上级文化主管部门保持经常联系，及时沟通工作情况。各个试点之间也应经常进行交流，研究探讨工作中的问题。各省（自治区、直辖市）文化厅（局）要确定一名联络员，及时反映本省（自治区、直辖市）试点工作的进展情况。

上海民族民间文化保护工程的实践与启示

中国民族民间文化保护工程2003年开展试点项目的申报工作，上海在民间曲艺类方面有一个项目入选第二批全国试点项目，并同时确立了两项市级试点项目。由此，上海民族民间文化保护工程也正式投入运行阶段。对试点项目的保护工作，是一个实践与思考的过程，既要有利于民族民间文化遗产的传承和发展，也要有利于积累保护经验、丰富保护手段、提高保护水准，全面实现各项保护目标。

焦点一：地域特色与试点项目

上海是座现代化大都市，经济发展与城市建设的成就举世瞩目。上海的文化又很特殊，自从开埠以来就长期处于中西文化、都市文化与传统文化的冲撞与互渗之中，民族民间文化在上海的生存空间并不宽裕。因此，坦率地说，从上海民族民间文化保护工程启动之初，就多少有些让人无所适从，缺乏足够的心理与机制上的准备。

保护必须有对象，对象的确认有严格标准。按照联合国教科文组织《保护非物质文化遗产公约》的定义，民族民间文化遗产是指那些"由某一群体、或一些个体所表达、并被认为是符合社区期望的作为其文化和社会特征的表达形式、准则和价值，通过模仿或其他方式口头相传。"它的表现形式包括口头传说和表述、表演艺术，社会风俗、礼仪、节庆，有关自然界和宇宙的知识和实践、传统的手工艺技能等。

毫无疑问，具体到确认上海的试点保护项目，就应当起码具备通常称为"本土化、草根性和历史感"的几个特征。然而，寻找符合这个尺度而"拿得出手"的项目，比想象中困难得多。上海民族民间文化资源普查的统计资料显示，截至2004年底，收录的种类有45个。其中有些虽流行甚广，追本溯源却并非源自本土；或拥有本土民间艺术的品牌优势与声望，却短于历史积淀和传承性。因此，出于地域尊严和对传统文化的亲密感，没有人会公然悲观地判断"上海地区民族民间文化资源贫乏"，但对于严谨而又充满理性的民族民间文化保护工程来说，其所面临的严峻现实，却又是不言而喻的。

但另一种意见却占据了主导地位，那就是认为试点应着眼于"反映本地或本民族所独有的特色，具有重大历史、文化和科学价值，具有一定工作基础"的原则，特别是"具有一定工作基础"这句话的影响至关重要。20世纪80年代开始编撰的"十大民间文艺集成"虽尚未提高到保护的层面，但对筛选出体现上海特色的项目，已具有相当的认知能力，为今天的试点保护创造了一定的基础，使文化工作者有了从容选择的余地。

依赖学术理论界、艺术界和对传统文化情有独钟的民间文化人士的通力合作，通过缜密的分析与论证，终于从历史的封土堆中，发掘出了南汇锣鼓书、青浦田歌、松江顾绣三个试点项目，不仅为上海拥有丰厚的民族民间文化资源提供了充分的史实依据，而且其中南汇锣鼓书还成功地申报为全国第二批试点保护项目，青浦田山歌和松江顾绣也同为上海市级试点保护项目，填补了上海在中国民族民间文化保护工程中的空白，意味着上海民族民间保护工程也从此开启了崭新的境界。

焦点二：价值、濒危与抢救

南汇锣鼓书、青浦田山歌、松江顾绣究竟能否代表上海地域最有特色的民族民间文化遗产？这一问题的提起，当然与上海城市的地位和影响有关，人们对上海怀有较高的期望，"拿什么"与"是否拿得出手"为人们留下了双重悬念。我们既不苟同"上海无保护资源"一说，也不赞同以"世界绝无、全国仅有"的奢望来自我设限。特色与试点的关系应该是必然的统一，"拿得出手"与否全在于人们对三个试点项目的最大价值（即在同一时空条件下，已无其他项目可在历史与文化地位方面超越其上）、最大濒危原因、亟需抢救的紧迫性，是否有全面而辩证的认识。

项目	最大价值	濒危原因	亟需抢救
南汇锣鼓书	主要体现上海民间曲艺最古老的原生形态，它的前身为太保书，相传产生于汉末晋初，初为一种类道场的神巫仪式，在祭祀活动上说唱因果报应或作消灾禳祸活动，宗教气息浓郁；而后也演唱民间故事、神话传奇，以唱为主，仅一人一鼓一锣而已，传播于上海市郊及浙江嘉兴平湖地区和江苏毗邻地区；在它的艺术实践中，又吸取了上海评话的说表，铰子书的表演形式和宣卷的音乐、民间武术的开打场面，成为风格独特的民间文艺形式。	政治动荡、艺人老化、唱本失传、创作萎缩	南汇区开设"锣鼓书表演艺术培训班"，依靠老艺人带班示范，传授表演技艺，已培养了大批能登台表演的年轻学员，不到一年的时间已使锣鼓书传承谱系由50余人猛增至200余人。

青浦田山歌	是稻作文化时代的一道民歌风景线，产生于农民秧田劳作时的即兴歌唱活动；始盛于清代乾隆年间，演唱形式自成一格，音调高亢嘹亮，既能抒发愁情，又能解除疲劳，代代相传，流传甚广；20世纪50年代，田歌进京演出受到了音乐界的赞赏，报纸、电台都有报道。	农作生存载体消失、艺人老化、受时尚艺术冲击	应开辟新的演出活动舞台
松江顾绣	顾绣技法源于北宋，与中国传统书画艺术结合，已超越绣品仅为饰物用品的局限，升华到了高雅艺术境界；由明代上海名士顾名世家庭群体发展创造，又依赖女性眷属个体的杰出成就而传世，堪称上海民间文化史一绝；而其丝线、绸缎等用料，均是明代上海繁荣的商贸经济、发达的纺织技术的产物，其成就背景与上海开埠后的城市化进程密切相关；顾绣虽贵为宫廷藏品，但创作群体与创作场所始终存在于民间，顾绣也以中国民间刺绣术的身份流传至今，甚而具有与中国儒教文化、武术文化和医药文化一样的文化强势，可超越国界对世界文明发生影响。	战争动乱、工厂解体、艺人老化	松江顾绣艺人戴明教老人于20世纪20年代开始学艺，至80年代带徒授艺，门下弟子今日已成顾绣高手，又培养了10余位年轻"绣娘"，使顾绣绝技得以香火不断。

　　显然，抢救与保护同指采取措施、确保民族民间文化遗产的生命力，但"抢救"在词义上更具急迫性。国际上无论抢救抑或保护的措施，都包括为确认、立档、研究、保存、保护、宣传、弘扬、承传和振兴。从上表中还可以发现，当其他濒危原因淡出或消失时，"艺人老化"即成造成濒危的共同威胁。从抢救紧迫性来看，当前亟需面对的理所当然非"艺人老化"莫属。年龄老化是人生不可避免的自然规律，但民间艺人的老化对民族民间文化遗产的威胁尤为严重。他们身上浓缩着民族民间文化的历史和精华，对资源挖掘、资料保存，尤其传承和延续民族民间文化的生命力功莫大焉。

焦点三：启示建议

民族民间文化保护作为一项历史性工程，进展迅速，伴随的机制创新层出不穷，发展的潜能无以估量；新问题、新思路、新对策是必然现象，神算未来是不可能的。对试点项目保护的实践，带来了多方面的启示，应引起人们的关注。

启示一：政府主导是关键。对民间老艺人发放艺术补助的成功实施，显示了政府在制定规划、组织力量、落实经费、加强管理等方面的关键作用，其他团体、组织或个人的作用都无法与政府相提并论。一些重大问题应由政府做出有效协调，才能真正有利于保护。

启示二：建立权威的评估机构。涉及项目确认等专门知识方面的问题，或为避免保护性破坏、只申报不保护等情况发生，应依规范程序做出评估、审议或监督、检查；成员可由政府文书认定资格，赋予权威性。

启示三：加快立法保护进程。实现保护法制化已成世界趋势，尤其要加强知识保护力度，妥善处理社会参与所产生的新问题。有了法理依据，则能创造出公正、公平、和谐的保护氛围。

启示四：举行本市保护成果的展示、展演、学术研讨以及对外交流考察活动，提升上海保护工作的整体水平。

上海将加大民族民间文化保护的进程，以更加务实的姿态，落实各项保护举措，形成适合自身需要的保护机制，确保上海民族民间文化保护工程取得更大的进展。

继承和保护民族民间文化遗产的职责

民族民间文化保护工程的启动及后来建立的国家级非物质文化遗产名录，使我国民族民间文化保护工程的工作进入了一个新的阶段，即由一个一个项目的保护转为国家的整体保护和规划，具有重大的历史意义。这一转变说明，我国已经明确并且承担起了继承和保护民族民间文化遗产的重责大任。

社会现代化进程与文化遗产保护之间的矛盾

民族民间文化遗产对我们当代的文化建设、精神文明建设是具有借鉴意义的，具有延续中华民族优秀文化传统的价值。现存的文化遗产中蕴含着许多人类记忆，这些文化遗产分为两方面：一方面是口头相传的历史，如家族史或某一个时期的历史、生活中存在的故事、语言等；另一方面是我们可见的一些物质存在（如北京的四合院、胡同等），包含了人类的历史存在、风俗习惯等相关知识。如果这些物质不存在了，这些相关知识就会被隔断，以后的人们居住在新的环境中，就会对以前的知识感到陌生。在一些少数民族地区和农村偏远地区，由于人口的流动（如到城市里打工），加快了那些地区非物质文化遗产及传统的东西的消失速度，这是民族民间文化遗产保护中的不利因素。

但是，社会现代化进程不会因此而停滞，所以，社会现代化进程与民族民间文化遗产的存在和保护之间的矛盾是不可避免的。此外，个人追求现代化的生活与民族民间文化遗产的存在和保护之间也是一对矛盾。那么，怎样调解它们之间的矛盾并加以整体性地规划呢？一方面，对于民族民间文化遗产，能够不改变的就要保护；另一方面，必须改变的，我们要把其中一些民族民间文化遗产的因素，或者一些象征性的物质遗存，尽可能通过一定的方式把它记录、保留下来。

保护文化遗产的原生态与传承性共存

民族民间文化遗产项目都是处于发展和变化中的。我们要做的就是保持它自身的发展演变规律和其过程不被中断，不是人为地改变它的发展方向。例如我国的传统戏曲吸收外来的因素后，只要符合自身的戏曲形式，就可以认为是其自身发展演变的一部分。只要符合其发展进程，人们就会接受。

传承是我国民族民间文化保护工程中极为重要的问题。将民族民间文化遗产记录下来虽然是工作的一部分，但是仅仅是记录下来并没有太大意义，将非物质文化遗产传承和延续下来才是保护工作的重点所在。目前保护一些民族民间文化遗产的一个方法就是实现保护项目的经济价值。我国的许多民族民间文化遗产都具有这种经济开发的可能性。这种经济开发不会改变创作的本身，反而会促进项目的传承和流通，在传承和流通的过程中产生其经济价值。

例如剪纸，它可以美化人们的生活，可以提高人们的审美水平。认识到其价值后，人们去购买剪纸作品，剪纸便有了一定的社会需求。剪纸艺人便可以将手艺传于徒弟、后代，形成生产、创作的组织。这样，剪纸的手艺便会传承下来，而不是只是将项目的录像等资料保护下来。对于一些不能直接产生经济价值的民族民间文化遗产，如一些仪式性的项目，人们从仪式中能够得到文化的快乐或者精神上的寄托，是人们生活的重要组成部分，只要积极参与其中，也会传承下来。

琴台文化艺术中心——打造现代一流的文化展示平台

再续"高山流水"，走进"现代琴台"

　　琴台文化艺术中心的建设初衷是，建武汉最大的剧院、最好的音乐厅和环境最美的文化广场，并设置跨江步行桥，将汉江、月湖景观连成整体，市民既可向北拾级而上汉江观景台，远眺汉江两岸，又可向南信步而下，一路观景，到达月湖畔亲水广场。将大剧院和音乐厅置于艺术中心时空轴线的交汇点，并与古琴台隔月湖相望，体现了历史与现代的对话，寓意"高山流水觅知音"的永恒话题。琴台文化艺术中心于2004年启动，已于2006年第八届中国艺术节投入使用。

奏响知音古韵的大剧院和音乐厅

　　武汉琴台文化艺术中心及文化广场，位于月湖之畔、汉江之滨，在鹦鹉大道以西、梅子山以东、琴台路以北、汉江以南范围内。其中，琴台文化艺术中心总建筑面积6万多平方米，主要包括1800个座位的大剧院、1600个座位的音乐厅及其他附属设施，隔湖南望始建于明代万历年间的古琴台。

　　大剧院以演出大型歌剧、舞剧为主，能满足国内外各类歌剧、舞剧、音乐剧、歌舞、戏剧、话剧等演出要求，将与北京国家大剧院、上海大剧院、广州大剧院一道，成为国家级文化展示中心。

　　大剧院的外立面上，钢、玻璃、清水混凝土及青铜等材料形成强烈的质感对比，极具阳刚之气。白天，大剧院内外通透，自然光洒入其中，柔和温馨，在月湖边犹如一尊优雅的雕塑；夜幕降临时，它又变得欢快热烈，精心设计的各种灯光及广场上发光的铺地灯，与水幕交替变幻，将观众渐渐引入由歌声与光影交织的艺术梦境中。

进入3600平方米的大堂，轻钢结构与玻璃幕墙形成了通透的视觉效果。这里有休息厅、前厅、咖啡廊等。坐在咖啡廊里品味咖啡时，可透过玻璃幕墙，将月湖、亲水广场、汉江景观等尽收眼底。大堂里还有陈列、展览、艺术信息交流区，人们可在这里进行文娱、艺术交流等活动。

过大堂走进马蹄型的观众厅，有一个能升起的座位区和两层楼座，可供1800人同时看表演。

大剧院里的多功能厅面积500平方米，可以放映小型电影，举行时装表演、新闻发布等活动。该厅的观众区采用可移动式，使空间具有较大的弹性，舞台和观众区可根据需要，变换成不同类型。

音乐厅与大剧院分处艺术中心"时空轴线"两边，彼此遥相呼应。音乐厅屋面蜿蜒曲折，中间顶板以8片连续流畅的曲板构成，7片玻璃天窗穿插其中，恰似流水，仿如琴弦，真可谓取古琴之神韵，传"高山流水"之悠情。

音乐厅的入口处，有8片立柱构架，有编磬之意；两侧体块顶面和墙面设计，有道道发光印迹，光怪陆离，仿如水瀑冲刷、岁月雕琢的留痕，暗喻千年琴台古韵犹存。

在琴台文化艺术中心，除建筑占地、入口广场、中心广场、亲水广场和必要的道路用地之外，全部布置为园林绿地。其中最大的绿化项目，也是文化广场的主体工程，就是月湖文化艺术区。

结合知音文化，建设城市"文化公园"

月湖文化艺术区地理条件好，是武汉市城市中心区唯一既临江、又有湖的地区。它东连龟山，北依汉江，南靠梅子山，依山傍水，风景秀丽。

从城市的角度出发，基于对基地的分析认识，将月湖文化艺术区定位成武汉市的"城市绿心"，充分保护月湖、梅子山的自然环境，结合知音文化特色，将此地建设成为城市的"文化公园"。

一、山水资源的保护与利用

月湖文化艺术区最大程度地保持山体与湖岸的完整性，仅在局部进行修整，并适当扩大水面，引入水景，结合植被和建筑空间，使自然山水和人工园林交融成趣。整个规划园区通过8个富有特色的景区与8个不同的功能分区对应起来，形成园中园的格局。

月湖文化艺术区利用梅子山、龟山现有的绿化资源，在月湖南岸设有大型城市公园，在景区南部形成一条东起龟山，西至梅子山，串起琴台和艺术中心的城市绿带，在景区北部汉江沿线结合江滩形成一条东连南岸嘴，西连滨湖生活区的带状绿化轴，与整个城市环境融为一体。

月湖文化艺术区中，利用现有山水资源，进行植物配置，强调整体性、季节性、三维性，因地制宜，合理采用本地树种，并引进适应本地气候条件的外来良种，丰富城市景观，改造地区植被环境。顺月湖岸线，种植垂柳、桃树及樱花等树形柔美、色彩鲜明的植物，突出月湖的如画景色与文化氛围。

充分利用汉江资源，将江滩规划为绿化休闲场所，与南岸嘴绿化带连成一片。为避免堤防对人视线的阻隔，北区文化建筑设有高架步行道与江滩观景台相连，供市民和游客观景、休闲、亲近水面。江边设有游艇码头，方便市民到达文化艺术区。

二、知音文化的升华和整合

知音文化在此规划中起着非常关键的作用，具有浓厚的浪漫主义色彩，可以说是整个规划的灵魂。"善哉乎鼓琴，巍巍乎若太山。善哉乎鼓琴，汤汤乎若流水。"俞伯牙与钟子期"高山流水遇知音"一段佳话，流传至今，成为月湖的一张文化名片，也是艺术中心规划方案创作的源泉。

月湖文化艺术区提出了"文化圈"的概念。将环湖车行道和步行道、历史文化柱廊等共同构成一个有虚有实的"文化圈"，不但能将月湖的南岸与北岸有机地联系起来，也把琴台文化艺术中心与古琴台、汉江步行桥及"月湖八景"串在一起，形成充满文化气息的整体景园。

知音文化是以音乐为媒介的。所以，在新的琴台艺术中心与古琴台之间，修建的一条架空的、以音乐为主题的长廊——知音廊，体现了古代传说与现代城市跨时间的对话，让人真实地感受到文化时空的延续。

月湖文化艺术区在北区邻月湖桥处设立一处主题公园——汉阳工业文化公园，结合汉阳的历史与现实，彰显汉阳在近代工业文明中的突出地位，集中展示其在制造业方面的成就。

"山不在高，有仙则名。水不在深，有龙则灵。"月湖文化艺术区从挖掘、利用月湖地区的文化资源入手，起到了画龙点睛的作用。

环保与景观兼顾的文化区建设

目前，全国的文化区与文化建筑建设方兴未艾，而像武汉市这样拿出2.15平方千米的用地来兴建文化艺术区，恐怕全国没有，世界少有。艺术区的建设目的，是以知音文化为线索，从传统的写意手法着手，运用数字、形体的城市设计手法，创造一个以人为本，充满浪漫主义色彩，具有诗情画意的城市文化公园。

将建筑与自然景观融为一体

月湖文化艺术区作为武汉市唯一的既滨江又滨湖的地区，为了显山露水透景，必须保证有良好的视线可达性，运用城市设计的手法，在视觉通廊上考虑立体景物在各个方面的视线的均好性。

为了这个目的，整个艺术区中不安排建高楼大厦，而是突出自然山川的秀美，保证足够的绿量。艺术区中的规划建筑只能起到点缀的作用，体形、体量不能过大，层数不能过高，面积不宜过大。于是，将文化艺术区的主体建筑设在梅子山与龟山之间，临月湖布置，使各个方向的景观视线均好，艺术中心充分考虑了与梅子山、龟山、月湖之间的体量关系，巧借山势，形成逐渐升腾之势。建筑柔和的曲面形体与山体协调，形体通透，以弱化建筑体量，在高度上低于山体并顺应其走势，使其与自然相互融合，共同形成新的城市空间。艺术中心的立意归纳为：琴乐知音，梅山湖月，鹤舞白云，汉江帆影。建筑造型充满诗情画意，引起人们无限遐想，体现了"清风明月本无价，高山流水自有情"的意境。

月湖北区的文化建筑充分考虑到月湖与汉江的联系，空间开敞，沿江设高架景观台，大型开放式绿化广场。以梅子山、龟山为背景，北区布置5座带有波浪式生态屋顶的文化建筑，与环境十分协调。

月湖文化艺术区重点从周边的几个城市节点上把握组织整个区域的空间关系，使艺术区的空间形态从江汉一桥、江汉四桥、龟山、京广铁路沿线等处都能取得良好的城市景观，提升整个区域的城市空间品质。

生态策略巧妙保护环境

当前社会已进入信息时代，电脑、网络给人们带来快捷、全新的工作、生活方式的同时，也拉远了人与人、人与自然的距离。因此，现代社会对社交、娱乐、休闲、环境质量要求日趋提高，大片的绿地、充足的阳光、洁净的水体是人们日常生活的基本要素。因而生态策略越来越多地适用于规划与建筑设计上。作为武汉市的城市绿心，月湖文化艺术区规划中也运用了一些生态策略。

总体上考虑在月湖南岸用大面积绿化将梅子山与龟山联系起来，形成城市绿色通廊。对月湖地区的水系、鱼塘进行整合，扩大延伸湖面，形成连成一体流动的水面。在北区，月湖路与规划建筑之间营造一条15米到30米宽的步行生态林，以改善汉江景观，提供江边工作、休闲的生态环境。用地南侧紧连京广铁路的地方设生态防噪林，减少噪音对文化艺术区的干扰。

另外，充分考虑水际植物的生态作用，在琴台的叠泉中，种植生态净水植物，利用植物的根系滤水、净水，达到保护水质的作用。在江滩边，根据水位的变化及水深情况，选择不同植物，形成水生——沼生——湿生——中生植物群落带，既能美化环境，又能起到保护水质的作用。

单体建筑中也采用了生态建筑策略。新建的"知音塔"可以进行风力发电，将提供整个艺术区的路灯照明电力。北区文化建筑利用设置内庭园、底层架空等手法引入绿化及穿堂风；曲线形的屋顶，在起到遮阳作用的同时，也成为吸收太阳能的集热器，充分利用太阳能。

孔子学院——阐释中国哲学，传播中国文化

打造汉语教学品牌，推广汉语文化

截至2010年10月，欧洲31国共建有孔子学院105所，数量世界第一；

截至2010年10月，美洲12国就建有103所孔子学院；

截至2010年10月，亚洲30国（地区）建有81所孔子学院；

截至2010年10月，非洲16国建有孔子学院21所；

截至2010年10月，大洋洲有12所孔子学院分布在2个国家。

据国家汉语国际推广领导小组办公室统计，2011年，全球新增孔子学院36所；2012年，全球新增孔子学院42所。

并非一般意义上的大学

孔子是中国传统文化的代表人物，选择孔子作为汉语教学品牌是中国传统文化复兴的标志。为推广汉语文化，中国政府在1987年成立了"国家汉语国际推广领导小组办公室"，简称为"汉办"，孔子学院就是由"汉办"承办的。以儒家哲学为代表的中国古代哲学思想是中华文化的精髓，孔子学院通过教学这种最直接的方式向各国阐释中国哲学，展示中国文化。

孔子学院（Confucius Institute）并非一般意义上的大学，而是推广汉语文化的教育和文化交流机构，是一个非营利性的社会公益机构。孔子学院最重要的一项工作就是给世界各地的汉语学习者提供规范、权威的现代汉语教材；提

供最正规、最主要的汉语教学渠道。孔子学院总部设在北京，2007年4月9日挂牌。境外的孔子学院都是其分支机构，主要采用中外合作的形式开办。

中外合作设立的海外孔子学院经费筹措由中外双方共同负责。其中一次性开办费原则上由双方根据协议共同负担。对确有困难的海外申办机构，经孔子学院总部批准，可由中方负责解决。日常经费中，中方可按协议负担所派出管理人员和专职教师的工资、住房、国际旅费、医疗保险等费用，提供免费教材、图书、音像制品等教学资料。同时，经孔子学院总部同意，中方还可提供海外孔子学院组织的汉语教学和传播中国文化专项活动的经费资助。其余费用应由外方负责解决。

海外孔子学院实行年度预算和决算报告制度。年度预算和决算须经理事会审核批准。其中中方承担的经费部分，须按照孔子学院总部的要求实行报批制度，并设立专门账户严格实行专款专用。总部有权对海外孔子学院的经费使用情况实行监督、检查和审计。

平均四天建立一所孔子学院

近代以来，中国人走出去传播汉语言文化已有100多年的历史。新中国成立后，汉语推广受到党和国家领导人的重视，但长期限于对外汉语教学工作领域。

顺应全球方兴未艾的汉语学习热潮，创办传播中华文化相关机构的历史重任落在了国家对外汉语教学领导小组身上。国家汉办成立于1987年，是由国务院11个部门领导组成的日常办事机构，设置在教育部内。国家汉办成立的初衷是希望以语言作为桥梁，以民间的文化语言交流的方式传播中华文化，达到宣传中华民族价值观的目的。

2002年，中国开始酝酿在海外设立语言推广机构。从2004年开始，在借鉴德国歌德学院、法国法语联盟、西班牙塞万提斯学院等机构推广本民族语言经验的基础上，我国在海外设立的以教授汉语和传播中国文化为宗旨的非营利性公益机构终于诞生。时任国务委员陈至立提议，以中国儒家文化代表人物孔子的名字将其命名为"孔子学院"。

国家汉办建立孔子学院的工作开展得异常顺利，平均四天一所的速度更令人称奇。在2004—2006年短短两年左右的时间里，全球新增100多所孔子学院，覆盖了50多个国家和地区。

仅2006年一年，国家汉办就接待了7000多位来访的客人，国外的3000多人，国内的4000多人，谈的主题基本上就一个——建孔子学院。按照国家汉办高效的工作机制，通常从签协议到开课，大约需要半年的时间，这样的速度已经非常快了，但还是远远满足不了国际上高涨的中文学习需要。国家汉办相关负责人介绍说，截至2007年4月，国外大学、社会机构正式向国家汉办提出开办孔子学院的书面申请已经超过400份。从某种意义上说，不是我们在推孔子学院，而是国外拼命推着我们要赶紧办。

不过，在孔子学院得到很多人羡慕、赞扬的同时，也有个别评论家本能地感到担心甚至恐惧，发出风言风语，个别人甚至说孔子学院是"中国文化威胁"。事实胜于雄辩。2009年，美国哥伦比亚大学申请要办孔子学院，国家汉办相关负责人知道这个学校有些学者可能会有不同看法，就问校方是否想好了。为此，哥伦比亚大学专门召开了教授联会，结果是除一两名教授反对，绝大多数教授表示赞同。

快速发展，规模初具

自全球第一所孔子学院2004年11月21日在韩国首都首尔挂牌以来，截至2011年底，全球已105个国家建立了358所孔子学院和500个中小学孔子课堂，注册学员达到50万人。同时，网络孔子学院也已开通英、法、德等9个语种，注册用户覆盖67个国家，还有76个国家400多个机构正在要求申办孔子学院。

2006年，国家汉办等部门向80个国家派出包括孔子学院在内的教师1004人，是2005年派出人数的3倍多；向34个国家派出志愿者教师1050人，是2005年的1.5倍；培训国外汉语教师15896人次，比2005年增长了50%；设立汉语国际教育专业硕士学位，在12所高校试点招生300人；到了最近几年，随着孔子学院数量的持续增加，对外汉语教师的队伍更是逐年增大。

在教材建设方面，根据国务委员陈至立的有关指示，在教育部的直接领导下，成功开发了《汉语900句》，并实现了编写、出版及发行一条龙，与国外出版公司签署了14个语种的翻译协议；与国务院侨办合作改编了《中国历史常识》《中国地理常识》和《中国文化常识》，翻译成英、法、西、德、日、韩、俄、阿、泰9个语种；积极开发多媒体课件；全年共向85个国家839个单位赠送59万册图书；组织了首次国际汉语教材评选活动。

根据孔子学院的发展规划，到2015年，全球孔子学院将达到500所，中小学孔子课堂达到1000个，学员达到150万人，其中孔子学院（课堂）面授学员100万人，网络孔子学院注册学员50万人。专兼职合格教师达到5万人，其中，中方派出2万人，各国本土聘用3万人。大力发展网络、广播、电视孔子学院。

到2020年，基本完成孔子学院全球布局，做到统一质量标准、统一考试认证、统一选派和培训教师。基本建成一支质量合格、适应需要的中外专兼职教师队伍。基本实现国际汉语教材多语种、广覆盖。基本建成功能较全、覆盖广泛的中国语言文化全球传播体系。

全球汉语热催生孔子学院

2600年前，孔子虽然曾带领弟子周游列国，甚至有过"乘桴浮于海"（坐着木筏出海）的梦想，但终其一生，他的足迹也没有走出过今天山东、河南两省的地界。然而，孔子可能做梦也不会想到，在21世纪的今天，随着中国经济发展和国力增强，他的学说作为中国的文化名片走向了五大洲，走进了全世界热爱和平的人们中间。代表中国形象的孔子学院，是顺应全球汉语热的潮流而诞生发展的。它的快速发展是全球汉语学习者的需要，它能解决发展过程中的难题而顺利成长成熟，更是全球汉语学习者的期盼。

世界各国汉语学习需求急剧增长

随着我国国际地位的不断提高和国际交往的日益广泛，世界各国对汉语学习的需求急剧增长。

在中国的近邻韩国，上百所大学开设了汉语课程，学习汉语的人数超过

100万，一些著名的企业出于战略考虑越来越重视培养员工的汉语能力。在日本，"汉语热"直追"英语热"，成为继英语之后的第二大外语，学习汉语的人多达200万左右；仅日本五大主要中文培训学校，2004年的入校生已突破5000人，比2000年增加了5倍。2002年到2005年，英国大学里把汉语作为主课选修的学生数量已经翻了一番。英国汇丰银行从2001年起每年都投入大量资金，通过英国文化委员会主办若干支持汉语教育和赞助青年才俊学习中文的项目；法国的汉语热更是保持了强劲的增长势头。

时任世界汉语教学学会会长、北京大学陆俭明教授说：汉语学习人数在法国增长很快，英语、日语、西班牙语的年增长率是2%~4%，汉语则高达38%；美国公立中小学学习汉语的学生在2004年有2万多名，到2006年则猛增到5万多人；2003年，美国有200所中小学校开设中文课，2006年增长3倍。美国大学理事会的一项调查显示：愿意把汉语列入大学预修课程的高中有2500所。正是顺应了这种学习汉语的需求，美国有40多个州提出了建立孔子学院的要求。

据国家汉办统计：2004年，中国派出69名对外汉语教师，2006年派出1000名志愿者和1000名教师；2005年，海外有近3万人参加汉语考试，2006年则翻了一番。2007年全球学习汉语者超过4000万人。到了2012年，全球学习汉语人数更是超过了1亿！

教材和教师是孔子学院发展的瓶颈

成绩固然令人鼓舞，但与全球强劲的汉语学习需求相比，孔子学院供不应求的压力越来越大，对外汉语教师、汉语教材编写方面存在的不足开始显现，对外汉语教学思路亟待扭转。同时，不少文化学者也开始呼吁：汉语走向国际化，对外汉语教学应该与时俱进、逐步简化，打破曲高和寡的局面。

仅仅是如何填补教师缺口就是一项十分巨大的工程。10年前，国家汉办公派到国外的汉语教师只有数十人，到2007年已经增加到2000多人，然而，比起国际汉语热对教师的巨大需求，缺口仍然很大。就拿2007年来说，马来西亚汉语教师缺口9万，印度尼西亚缺口10万；日本、韩国、泰国、菲律宾、越南、印尼、中亚五国、印度、巴基斯坦等周边国家对汉语教师的需求都非常迫切，而到了2012年，亚洲、欧洲、非洲、美洲、大洋洲，全球对外汉语教师总的缺口已达500万！

与教师数量缺口同样存在问题的是教学方法。据反映，尽管绝大多数对外汉语教师的中国语言文化知识丰富，也有比较丰富的教学经验，但对如何根据不同国家、不同文化背景和不同年龄、不同层次需求的外国人有针对性地进行教学，经验还比较欠缺。怎样才能像孔子那样真正做到"因材施教"，是许多对外汉语教师的新追求。

汉语以难学著称，如何降低汉语学习的门槛，教材建设是一个关键问题。据统计，目前有1000多种对外汉语教材，但方便外国人学习的并不多，教材中间有很多不易理解的内容，教材的编排方式也不合乎他们的接受习惯。例如，许多对外汉语教材中都有愚公移山的故事，按照外国人的思维，愚公的做法就有点不可思议，他们大多认为完全可以搬个家解决问题；再比如孔融让梨的故事，由于价值观的差异，许多外国人不理解孔融为什么要让梨。不少国家的学生还表示，希望能拥有专门针对自己国家学生的教材；因为到中国旅游的机会越来越多，希望学习一些有关旅游方面的实用的汉语。国家汉办相关负责人表示，今后的教材编写要坚持贴近外国人的思想、贴近外国人的习惯、贴近外国人的生活的原则，目前中国正在采取向外招标、中外合编的办法，加紧编纂国别教材，增加多媒体的内容和方法。

像孔子那样真正做到"因材施教"

孔子大约在30岁时，开始收徒讲学。在我国教育史上，以私人身份从事讲学活动40多年，而且影响最深远的，当首推孔子。相传他有弟子3000人，得意门生72人。孔子虽然处于动荡不安的春秋末期，但他是积极有为的。

孔子提倡因材施教而且亲身实践。所谓因材施教，就是要根据不同对象的具体情况，采用不同的教育方法实施教育。而要做到这点，首先要了解教育对象的优势、劣势，各自特点。孔子的学生很多，但他对学生却下了不少功夫去了解，不仅知其长，而且知其短，所以他在教育活动中能比较好地促使学生得到全面的发展与提高。

据《列子·仲尼》和《说苑·杂言》记载，有一次弟子子夏陪着孔子说话。闲谈之中，子夏就把平时的疑问说了出来。他很认真地问孔子道："夫子，您觉得颜回为人怎么样？"孔子回答说："颜回很不错啊，他在仁义的方面，比我还强呢！"

子夏接着又问道："那您看子贡怎么样呢？""子贡嘛，口才很好，他的口才，我是赶不上的！"孔子回答说。

"那子路又怎么样呢？"子夏又问道。孔子淡淡一笑，缓缓地说："子路这人很勇敢啊，这方面我也不如他啊！"

"那么，子张呢？"子夏问道。孔子回答说："子张在庄重的方面也是胜过我啊！"

子夏更困惑了，很诚恳地对孔子说："既然他们都超过了您，那怎么都来向您学习呢？"

孔子解释说："颜回是很讲仁义，但不太懂得变通；子贡呢，确实有很好的口才，可是往往又不够谦虚；子路的勇敢是没得说的，但他不懂得有时候需要退让；子张虽说很注意庄重，但是他有些孤僻，跟人合不来。他们都各有自己的一些长处，但也有自己的短处啊！所以他们都愿意再学习学习，来提高自己。"

子夏豁然开朗。

孔子为学生解惑时也是因材施教的，即使弟子请教的是同一个问题，他也没有标准答案，而是因人而异。

据《论语·颜渊》记载，有一次，颜渊（即颜回）问孔子："什么是仁呢？"孔子说："克己复礼为仁。"这话意思是说，克制自己，使自己的言行都符合"礼"的规定，这就是"仁"了。颜渊又进一步问道："老师，怎么才能做到克己复礼呢？"孔子说："非礼勿视，非礼勿听，非礼勿言，非礼勿动。"意思就是说，不符合礼的东西不要去看，不要去听，不要去说，不要去做。

颜渊是孔子的得意门生，品德好，聪明好学，领会能力强，所以孔子回答时就告诉他"克己复礼为仁"。强调讲"仁"就要依礼而行，这是"仁"的根本要求。"仁"是内在的，"礼"是外在的，二者要紧密结合。

弟子仲弓也请教什么是"仁"。孔子回答他说："出门如见大宾，使民如承大祭。己所不欲，勿施于人。在邦无怨，在家无怨。"意思是说，外出时，要像去见贵宾一样庄重；役使百姓时，要像承办盛大的祭祀典礼一样严肃。自己不想要的东西，就不要强加于别人。在诸侯的国家里当官，没有人怨恨你；在卿大夫家里做事，也不会有人怨恨你。

孔子曾说过仲弓有雄才大略，性格又仁慈贤德，因此孔子就从侍奉君主和管理人民的角度来分析"仁"，指出对待君主和人民要严肃认真，要宽以待人。

孔子另一名弟子司马牛去请教什么是"仁"时，孔子却回答说："仁德的人，说话往往是缓慢而谨慎的。"因为司马牛"言多而噪"，所以孔子对他的回答就强调说话要谨慎。司马牛这才明白，老师强调的是要言行一致，而不是只空谈"仁"。

还有一件事也很有趣，据《论语·先进》记载：孔子的两个弟子，一个叫子路，一个叫冉有，两个人在政治方面都颇有成就。有一次子路问孔子："闻斯行诸？"这意思是听到了好的事情就马上实行吗？孔子回答："不行，有父兄在世，怎么听到了就马上实行呢！"意思是要考虑家庭情况，看父兄是否同意。然而，当冉有去问这同一个问题时，孔子就很肯定地回答说："听说了就要实行！"

孔子截然相反的回答使得另一个弟子公西华大惑不解，于是就去问孔子。孔子说："求（冉有）也退，故进之；由（子路）也兼人，故退之。"这是说，冉有比较懦弱，所以我就鼓励他，推他走快一点；而子路个性好胜，所以我就有意抑制他，让他缓和一些。

孔子就是根据学生的个性，在回答问题时有针对性地加以引导的。

可见，孔子的因材施教是无处不在的。不论他是在看待学生的优势与不足上，还是在教学内容、教学方法上，甚至在回答不同性格的学生的问题上，都能体现出来。

尽管弟子有各种不同的性格、禀赋和才能，但在孔子的教育与引导下，都能得到较好的发展，学有所成，为当时的社会管理、经济发展、道德进步和文化普及，提供了坚实的知识基础和丰富的人才资源。

当前，面对着孔子学院快速发展遇到的瓶颈，更加贴近外国人的思想、生活习惯，学会如何"因材施教"，是对外汉语教师的当务之急。学习孔子是如何践行"因材施教"的，将为今天的汉语文化传播带来许多启示。

文化传播是扩大一国影响力最有效的方式

孔子学院的建设始终是世界舆论广泛关注的焦点。《华尔街日报》发表《汉语推广热全球》一文评论："中国政府的汉语推广战略的高明之处在于，推广教育和语言有助于加深外部世界对国家的了解，是扩大一国影响力的最有效途径。战舰能让别国人民暂时臣服，而让他们理解你的语言却能使大家成为朋友。"新加坡《联合早报》指出："孔子学院的推广，有助于外界了解中国，消除外界对中国和平崛起的误解。"2006年1月，美国《纽约时报》发表了一篇题为《中国的又一热门出口产品：汉语》的评论，引用当地一所汉语研究机构负责人的话说："中国正在用汉语文化来创建一个更加温暖和更加积极的中国社会形象。"

孔子远行，天下和平

肯尼亚内罗毕孔子学院自开课以来，来自天津师范大学的教师每周向学生们讲授汉语，传播中国文化。除了常规的课堂教学，他们还开展了丰富多彩的教学活动，如请中国驻肯尼亚大使讲课，请华人书法家现场书写演示中国书法，观摩中国电影等等。久而久之，中国灯笼、中国结、长城和天坛等成了他们熟悉的事物。就像内罗毕孔子学院的学生一样，世界各地孔子学院的学生们在一点一滴的学习熏陶中，中国悠久的历史和儒家文化展示了独特的魅力，慢慢地开始浸润他们的心灵。

伴随着孔子学院建设的步伐，中国国家软实力的影响随之扩大。美国哈佛大学教授、国际问题专家约瑟夫·奈说，中国的"软实力"近年来提升很快，采取提升"软实力"的政策对中国而言是明智之举。中国在世界各地建立孔子学院，越来越多的外国人学习中国语言和文化，这也是"软实力"的一种具体体现。美国《新闻周刊》评论指出，"通过建设孔子学院来向世界介绍中国是一个好主意"。

　　孔子学院的建设也为树立我国的良好国际形象多有贡献。前巴基斯坦总统穆沙拉夫对伊斯兰堡孔子学院给予了高度评价，他说，孔子学院不仅可以促进巴中教育交流，而且还可以促进巴中在文化、科技、艺术和经济等多个领域的交流与合作，进一步增进两国人民之间的了解和友谊。时任新西兰总理克拉克亲自参加奥克兰孔子学院揭牌仪式并发表讲话称，奥克兰孔子学院的建立是加强新中关系的又一重要举措，有利于促进两国人民相互了解。时任法国普瓦提埃市夏普大区副区长马丁·达邦说，孔子学院通过语言、文化和教育来促进人们对中国的了解，将为法国培养大批了解并热爱中国的优秀汉语人才。时任美国芝加哥市市长戴利说，中国经济发展强劲，已成为世界上最有影响力的国家之一，美国人民应该更加关注、了解中国的语言和文化，他还呼吁"联邦政府也能像中国政府这样来支持我们的中小学外语教育"。

推广本民族语言，各国政府都在行动

　　在信息时代的今天，世界各国之间的政治、经济联系日益密切、频繁，文化交往不断增多，各国对文化传播越来越重视，语言作为文化载体的作用越来越凸现出来，向国外推广本国语言已成为文化传播的重要手段。许多国家甚至已经把通过推广语言传播文化列入了国家战略，变成了一项重要的政府行为。

　　受我国孔子学院的启发，世界上许多国家也开始了推广本民族语言的新行动。

　　据报道，日本在2007年初宣布，要在较短的时间里，在日本本土之外建100所日语中心。2007年1月，日本媒体报道了日本外务省与国际交流基金会具体的拓展海外日语教学计划，文章题目十分抢眼："绝不能输给汉语！"

　　韩国也表达了一样的雄心大志。2007年年初，韩国文化观光部宣布要在世界上开办100所世宗学堂，首选地就是中国。俄罗斯则制定了推广俄语的普希金学院计划，院长是总统普京的夫人。普京夫人通过各种渠道为本国语言代言，展现俄语和俄罗斯的魅力。印度受中国建立孔子学院的启发，学习中国经验，准备建立"甘地学院"，以促进印度文化的国际化。已有几十年、甚至上百年历史的德国歌德学院、法国法语联盟、西班牙塞万提斯学院更是增强了危机意识，在中国孔子学院成立的短短几年里，他们都先后到北京的孔子学院总部，或到各国的孔子学院进行了考察学习。

正像国内外许多人士指出的那样，本国语言的国际化是国家之间软实力竞争的一个重要内容或象征。所以，无论德国、英国、法国、西班牙这些有着十分丰富的语言推广经验的国家，还是日本、韩国、俄罗斯这些刚刚开始重视文化传播的国家，都十分敏锐地意识到了这一点，加快了推广本民族语言的步伐。

非物质文化遗产保护——弘扬民族艺术，延续中华文脉

靠身口相传延续的"活"的文化遗产

中国是一个多民族的国家，悠久的历史和灿烂的古代文明为中华民族留下了极其丰富的文化遗产。我国政府历来高度重视文化遗产保护工作，在全社会的共同努力下，文化遗产保护工作取得了显著成效。当前，随着经济的全球化和社会的现代化，我国文化遗产生存环境渐趋恶化，保护现状堪忧。为进一步加强我国文化遗产保护，继承和弘扬中华民族优秀传统文化，推进社会主义先进文化建设，国务院决定从2006年起，每年6月的第二个星期六为我国的"文化遗产日"。

非物质文化遗产简介

文化遗产包括物质文化遗产和非物质文化遗产两大类。物质类包括：古遗址、古墓葬、古建筑、石窟寺、石刻、壁画等不可移动文物，历史上重要实物、艺术品、文献、手稿等可移动文物，以及历史文化名城、名街区、名村镇。非物质类包括：口头传统和表述；表演艺术；社会风俗、礼仪、节庆；有关自然界和宇宙的知识和实践；传统的手工艺技能等；以及与以上内容相关的文化空间。

由此可知，非物质文化遗产是指各种以非物质形态存在的与群众生活密切相关、世代相承的传统文化表现形式。非物质文化遗产是以人为本的活态文化

遗产，它强调的是以人为核心的技艺、经验、精神，其特点是活态流变。

在非物质文化遗产（简称非遗）保护的实际工作中，认定的非遗标准是由父子（家庭）、师徒或学堂等形式传承三代以上，传承时间超过100年，且要求谱系清楚、明确。

非物质文化遗产难保护

与物质文化遗产相比较，非物质文化遗产相对更难保护，因为它最大的特点是不能脱离民族特殊的生活生产方式，是民族个性、民族审美习惯"活"的显现。它依托于人本身而存在，以声音、形象和技艺为表现手段，并以身口相传作为文化链而得以延续，是"活"的文化及其传统中最脆弱的部分。因此对于非物质文化遗产传承的过程来说，人的传承就显得尤为重要。

截至2009年，我国共有昆曲、古琴艺术等26个项目入选联合国教科文组织"人类非物质文化遗产代表作名录"，羌年、中国木拱桥传统营造技艺等3个项目入选"急需保护的非物质文化遗产名录"，成为世界上入选项目最多的国家。

为了能够更好地保护文化遗产，2010年，我国已初步建立了比较完备的文化遗产保护制度，文化遗产保护状况得到明显改善。到2015年，将基本形成较为完善的文化遗产保护体系，使具有历史、文化和科学价值的文化遗产得到全面有效保护，让保护文化遗产的思想深入人心，成为全社会的自觉行动。

因而，全国"文化遗产日"并没有像人们预想的那样，选在农历五月初五端午节，而是确定在没有任何特殊意义的6月的第二个星期六，这样做旨在使这个"文化遗产日"具有更为广泛的代表性。

我国的非物质文化遗产简介

根据联合国教科文组织《保护非物质文化遗产公约》定义：非物质文化遗产指被各群体、团体、有时为个人所视为其文化遗产的各种实践、表演、表现形式、知识体系和技能及其有关的工具、实物、工艺品和文化场所。各个群体和团体随着其所处环境、与自然界的相互关系和历史条件的变化不断使这种代代相传的非物质文化遗产得到创新，同时使他们自己具有一种认同感和历史感，从而促进了文化多样性和激发人类的创造力。

昆曲成为首批世界非遗项目

昆曲，原名"昆山腔"或简称"昆腔"，是中国古老的戏曲声腔、剧种，清代以来被称为"昆曲"，现又被称为"昆剧"。昆曲是中国汉族传统戏曲中最古老的剧种之一，也是中国汉族传统文化艺术，特别是戏曲艺术中的珍品，被称为百花园中的一朵"兰花"。

昆曲早在元末明初之际（14世纪中叶）即产生于江苏昆山（属太仓州）一带，它与起源于浙江的海盐腔、余姚腔和起源于江西的弋阳腔，并称为明代四大声腔，同属南戏系统。

昆曲开始只是民间的清曲、小唱。其流布区域，开始只限于苏州一带，到了明朝万历年间，便以苏州为中心扩展到长江以南和钱塘江以北各地，并逐渐流布到福建、江西、广东、湖北、湖南、四川、河南、河北各地，万历末年还流入北京。这样昆曲便成为明代中叶至清代中叶影响最大的声腔剧种。

我国很多剧种，如越剧和广东粤剧、闽剧、婺剧、滇剧等等，都受到过昆曲艺术多方面的哺育和滋养。因而，昆曲有"百戏之祖"的雅称。同时，昆曲也是中国戏曲史上具有最完整表演体系的剧种，它的基础深厚，遗产丰富，是中国汉族文化艺术高度发展的成果，在中国文学史、戏曲史、音乐史、舞蹈史上都占有重要的地位。

昆曲中的许多剧本，如《牡丹亭》《长生殿》《桃花扇》等，都是古代戏曲文学中的不朽之作。昆曲曲文秉承了唐诗、宋词、元曲的文学传统，曲牌则有许多与宋词元曲相同。这为昆曲的发展打下了良好的文化基础。

2001年5月18日，昆曲艺术入选联合国第一批"人类口头和非物质遗产代表作"，中国成为首次获此殊荣的19个国家之一。

芜湖铁画

铁画，也称铁花，安徽芜湖特产，为中国独具风格的工艺品之一。铁画是以低炭钢为原料，将铁片和铁线锻打焊接成的各种装饰画。它将民间剪纸、雕刻、镶嵌等各种艺术的技法融为一体，采用中国画章法，黑白对比，虚实结合，另有一番情趣。

铁画的品种分为三类：一类为尺幅小景，多以松、梅、兰、竹、菊、鹰等为题材，这类铁画衬板镶框，挂于粉墙之上，更显端庄醒目；第二类为灯彩，一般由4至6幅铁画组成，内糊以纸或素绢，中燃银烛，光彩夺目，动人神魄；第三类为屏风，多为山水风景，古朴典雅，蔚为壮观。

芜湖濒临长江，交通便利，曾为中国四大米市之一，自古以来冶铁业就十分发达。发达的冶铁业和高超的锻技，为芜湖铁画的创造提供了先天的基础和条件。

芜湖铁画以锤为笔，以铁为墨，锻铁为画，鬼斧神工，气韵天成。芜湖铁画以历史悠久、风格独特、工艺精湛、技艺高超著称于世。铁画始于清康熙年间，由芜湖铁工汤天池与芜湖画家萧尺木相互砥砺而成，至今已有340多年历史。芜湖铁画源于国画，具有新安画派落笔瘦劲简洁、风格冷峭奇倔的基本艺术特征，是纯手工锻技艺术。它以铁为原料，经红炉冶炼后，再经锻、钻、抬、压、焊、锉、凿等技巧制成，既具有国画的神韵又具雕塑的立体美，还表现了钢铁的柔韧性和延展性，是一种独具风格的艺术。

芜湖铁画曾参加法国巴黎世界博览会、匈牙利布达佩斯造型艺术展，并赴日本、科威特、意大利、尼日利亚、沙特、香港等20多个国家和地区展出。1959—1960年，老艺人储炎庆和几位弟子制作了大型铁画《迎客松》《梅山水库》和铁书法《沁园春·雪》等作品，这些作品被布置在人民大会堂。

芜湖铁画历经了340多年的承传和发展，在传统形式的尺幅小景、画灯、屏风基础上，又创有立体铁画、盆景铁画、瓷板铁画和镀金铁画，形成了座屏、壁画、书法、装饰陈设和文化礼品等五大系列200多个品种，以其与众不同的艺术风格和魅力，在艺坛独树一帜。从科学发展创造上看，冶铁和绘画，一个技术，一个艺术，芜湖铁画就是在两个相距甚远的行业的边缘上实现了交叉创新，这也正反映了边缘机会和交叉创新是人类社会前进的方向。

2006年5月20日，芜湖铁画锻制技艺经国务院批准列入第一批国家级非物质文化遗产名录。2007年6月5日，经国家文化部确定，安徽省芜湖市的杨光辉为该文化遗产项目代表性传承人，并被列入第一批国家级非物质文化遗产项目226名代表性传承人名单。

凤阳花鼓

凤阳花鼓又称"花鼓""打花鼓""花鼓小锣""双条鼓"等，是一种集曲艺和歌舞为一体的民间表演艺术，但以曲艺形态的说唱表演最为重要和著名，一般认为形成于明代。

花鼓是我国一种民间歌舞，南宋时期就有记载，是由农民在田间插秧时击鼓演唱发展而来，表演形式是一男一女，男敲小镗锣，女打小花鼓，边歌边舞，有时增加乐器伴奏。各地花鼓的风格、曲调不同。

凤阳花鼓流行于明清时期，主要分布于凤阳县燃灯、小溪河等乡镇一带。其曲艺形态的表演形式是由一人或二人自击小鼓和小锣伴奏，边舞边歌。唱的都是民间小调，曲目有近百种。历史上凤阳地区灾荒不断，许多人家离开家园，以打花鼓唱曲为生，所以凤阳花鼓成了贫穷讨饭的象征。其中有一首著名的《凤阳歌》，歌中唱道："说凤阳，道凤阳，凤阳本是好地方，自从出了朱皇帝，十年倒有九年荒。大户人家卖牛马，小户人家卖儿郎，奴家没有儿郎卖，身背花鼓走四方。"根据清代的记载，早期花鼓"音节凄婉，令人神醉"。然而，正因为艺人多以此为出门乞讨的手段，凤阳花鼓才能传遍大江南北。清康熙、乾隆年间，许多文人的诗文记录了凤阳花鼓表演时载歌载舞的热闹场面。清中期以后，舞蹈因素逐渐从民间的凤阳花鼓中淡出，仅剩下唱曲部分，分为"坐唱"和"唱门头"两种形式。

凤阳花鼓是根植于凤阳民间的戏曲艺术瑰宝，有凤阳"一绝"和"东方芭蕾"之美称，并入选首批国家级非物质文化遗产名录。

侗族大歌

联合国教科文组织保护非物质文化遗产政府间委员会第四次会议于2009年9月28日在阿拉伯联合酋长国首都布扎比开幕，全球114个国家和地区400余名代表与会，会议主要讨论确定入选《人类非物质文化遗产代表作名录》和《急需保护的非物质文化遗产名录》的项目。经过三天的会议讨论，联合国教科文组织审议并批准了76个项目列入世界《人类非物质文化遗产代表作名录》，我国共有22个项目名列其中。由贵州省文化厅、黎平县政府承担申报的"贵州侗族大歌"成功入选。

侗族大歌，起源于春秋战国时期，至今已有2500多年的历史，是流传在中国侗族地区的一种多声部、无指挥、无伴奏、自然合声的民间合唱形式。1986年，在法国巴黎金秋艺术节上，贵州黎平侗族大歌一经亮相，技惊四座，被认为是"清泉般闪光的音乐，掠过古梦边缘的旋律"。

保护文化遗产，守住民族之魂

文化遗产是历史的吉光片羽，是不可再生的珍贵资源。作为5000年文明不堕的国家，我国拥有的文化遗产种类之繁多、内容之丰富，令世界艳羡。其中所蕴含的精神价值、思维方式、想象力，是我们的文化之魂、民族之根。在当今文化影响力已成为一国"软实力"的形势下，保护文化遗产更是中华民族伟大复兴的重要保障。

在人类文化中的意义

非物质文化遗产在人类文化中具有非常重要的意义。首先，它是人类文化的一种重要表现形式，这是基于我们对文化形式的独立意义而言的。我们知道，形式和内容是一对永远对立又永远不可分离的事物。一般意义上来说，内容是决定形式的，但形式却有能力反作用于内容，文化遗产就是这样一种可以作用于文化内容的文化形式。这应该是我们之所以要保护文化遗产的最为根本的理由。

其次，它是人类文化中其他文化的重要生长点，这是人类文化的历史事实。人类的戏剧艺术是直接源于文化中的一系列仪式的，是直接从文化中生长出来的。这方面，我们有许多的戏剧起源的著述可以为证。人类的舞蹈艺术和音乐艺术，也是生长在文化氛围中的。还有我们人类的制度文化，最初的意义就是源于在特定文化中的聚会。聚会就必然走向社会，而"社"是由

"会"而起的，"社"就是源于文化的最早的人类制度。

再次，它本身是人类文化中的一种重要组成部分，这是从它自身的意义而言的。在这个意义上的非物质文化遗产是非常重要的遗产。只不过它是一种有很大表述难度的遗产，在确定它的基本内容和基本形态，以及划定它的边际上都很困难。但我们不能因此而回避对它的保护。

正视矛盾，迎接挑战

审视我国文化遗产保护的现状，可以用"力度越来越大、挑战越来越严峻"加以形容。

作为一个文化遗产大国，我国历来重视文化遗产保护。尤其是近年来，随着国力增强和对文化遗产认识的不断深化，这一工作更是得到了方方面面的高度重视，取得了举世瞩目的成绩。但与此同时，我们也应看到，文化遗产保护所面临的形势是极其严峻的：一些承载着悠久历史的传统建筑不断遭到损毁，一些堪称各民族思想、感情美丽结晶的艺术品种、传统工艺在悄无声息地消逝……能不能将祖先留下的这些珍贵礼物完好保存并传予后人，已经成为摆在我们面前的重大考验。

检视文化遗产面临的窘境，我们不难发现，造成目前状况的原因是多方面的。但以对文化遗产的冲击程度、波及范围而论，其中最应该引起人们注意的，是一些地方城乡发展与文化遗产保护之间越来越尖锐的矛盾。如有的地方为了发展房地产业，对城市中有文物价值的建筑甚至城区大肆拆除；有的地方对古镇、古村落进行杀鸡取卵、竭泽而渔式的开发，使得这些地方人满为患，等等。这些急功近利的行为，无不对文化遗产的生存构成了巨大威胁。

我们有必要筑牢文化遗产的防线，以应对未来可能出现的更尖锐的"保护"与"发展"的矛盾。

第一，要从摸清文化遗产家底入手，为保护工作打下坚实基础。情况不明，难免被动。近年来，由于没有被及时发现并加以保护，一些具有重要文物价值的传统建筑、文化遗址损毁严重，一些靠口传身授加以传承的非物质文化遗产迅速消亡。因此，通过调查来摸清文化遗产的家底已刻不容缓。

第二，要从加强法制建设入手，为文化遗产撑起保护伞。法律是文化遗产保护的重要武器，但鉴于目前法律法规体系还不够完善，在实际工作中还存在有法不依、执法不严的现象，我国对文化遗产的法律保护有待增强。

第三，要从增强各级政府的责任意识入手，为保护工作提供保障。文化遗产保护功在当代，利在千秋，政府责无旁贷。

第四，要从厘清保护与开发的关系入手，让文化遗产造福社会。对于文化遗产当然要以保护为主，但这并不意味着我们不能对其进行合理的开发利用。我们应该认识到，对文化遗产的开发利用绝非仅有旅游一途。实际上，文化遗产的真正价值，在于其所蕴含的丰富的文化因子，如果我们能从中获得灵感，创作出体现民族独特风格和优秀价值观的文化产品，打造出强大的文化产业，那么文化遗产的作用将得到充分发挥。

第五，要从宣传教育入手，调动全社会参与保护的积极性。文化遗产是大众的，最终也必须依靠大众来保护。但是，由于种种原因，以往老百姓接触文化遗产的机会并不是很多。我们应该以"文化遗产日"为契机和开端，通过加大博物馆等场所向公众免费开放的力度，以及经常举办展示、论坛、讲座等活动，让公众尤其是年轻人了解并喜爱传统文化，培养文化自尊和文化自信，同时也调动他们参与保护的积极性。

只有这样，我们才能走近文化遗产，热爱文化遗产，保护文化遗产。在走向现代化的过程中，我们才能守住文化之根、民族之魂！

丝绸之路复兴计划——一头连着历史，一头连着未来

古代沟通中西方的商路

丝绸之路是起始于古代中国的政治、经济、文化中心长安（今西安），连接亚洲和非洲、欧洲的古代陆上商业贸易路线。它跨越陇山山脉，穿过河西走廊，通过玉门关和阳关，抵达新疆，沿绿洲和帕米尔高原通过中亚、西亚和北非，最终抵达非洲和欧洲。它是一条东方与西方之间经济、政治、文化进行交流的主要道路。

"丝绸之路"来历

丝绸之路通常是指欧亚大陆北部的商路，与南方的茶马古道形成对比。西汉汉武帝时，张骞首次开拓丝路，被称为"凿空之旅"。西汉末年，在匈奴的袭扰下，丝绸之路中断。

公元73年，东汉时的班超又重新打通隔绝了58年的西域，并将这条路线首次打通延伸到了欧洲，到了罗马帝国。这是目前完整的丝绸之路路线。罗马人征服叙利亚的塞琉西帝国和埃及的托勒密王朝后，顺着丝路，首次来到当时东汉洛阳，成为欧洲和中国的首次交往。

在通过这条漫漫长路进行贸易的货物中，中国的丝绸最具代表性。自从张骞通西域以后，中国和中亚及欧洲的商业往来迅速增加。通过这条贯穿亚欧的大道，中国的丝、绸、绫、缎、绢等丝制品，源源不断地运向中亚和

欧洲。因此，希腊、罗马人称中国为赛里斯国（"赛里斯"即"丝绸"之意），称中国人为赛里斯人。也因为这样，19世纪末，德国地质学家李希霍芬将这条连接东西方的大道誉为"丝绸之路"，很快就被广泛接受。

丝绸之路不仅是古代亚欧互通有无的商贸大道，还是促进亚欧各国和中国友好往来、沟通东西方文化的友谊之路。历史上一些著名人物，如出使西域的张骞、投笔从戎的班超、永平求法而东渡的印度僧人迦叶摩腾和竺法兰、西天取经的玄奘，他们的一些故事都与这条路有关。

古代丝绸之路简介

1877年德国地理学家李希霍芬命名的丝绸之路指的是"从公元前114年到公元127年，中国于河间地区以及中国与印度之间，以丝绸贸易为媒介的这条西域交通路线"。所谓西域则泛指古玉门关和古阳关以西至地中海沿岸的广大地区。

后来，史学家把沟通中西方的商路统称丝绸之路。因其上下跨越历史2000多年，涉及陆路与海路，所以按历史划分为先秦、汉唐、宋元、明清4个时期，按线路有陆上丝路与海上丝路之别。陆上丝路所经地区的地理景观差异很大，人们又把它细分为"草原森林丝路""高山峡谷丝路"和"沙漠绿洲丝路"。

丝绸是古代中国沿商路输出的代表性商品，而作为交换的主要回头商品，也被用作丝路的别称，如"皮毛之路""玉石之路""珠宝之路"和"香料之路"。隋唐年代（公元589—公元896年）丝路空前繁荣，胡商云集京师长安，定居者数以万计。唐中叶战乱非常频繁，丝路被阻，规模远不如前，海上丝路逐渐取而代之。

北方陆上丝路指由黄河中下游通达西域的商路，包括草原森林丝路、沙漠绿洲丝路。前者存在于先秦时期，后者繁荣于汉唐。沙漠绿洲丝路延续千余年，沿线文物遗存多，是丝路的主干道。草原森林丝路从黄河中游北上，穿蒙古高原，越西伯利亚平原南部至中亚分两支，一支西南行达波斯转西行，另一支西行翻拉尔山、越伏尔加河抵黑海滨。两路在西亚辐合抵地中海沿岸国家。沙漠绿洲丝路是北方丝路的主干道，全长7000多千米，分东、中、西3段。东段自长安至敦煌，较之中西段相对稳定。因为丝路西段涉及范围较广，包括中亚、南亚、西亚和欧洲，历史上的国家众多，民族关系复杂，因而路线常有变化。

海上丝路起于秦汉，兴于隋唐，盛于宋元，明初达到顶峰，明中叶因海禁而衰落。海上丝路的重要起点有番禺（后改称广州）、登州（今烟台）、扬州、明州泉州、刘家港等。同一朝代的海上丝路起点可能有两处乃至更多。规模最大的港口是广州和泉州。广州从秦汉直到唐宋一直是中国最大的商港。明清实行海禁，广州又成为中国唯一对外开放的港口。泉州发端于唐，宋元时成为东方第一大港。广州、泉州在唐、宋、元时，侨居的外商多达万人，乃至10万人以上。

历代海上丝路，亦可分三大航线：

1. 东洋航线由中国沿海港至朝鲜、日本。

2. 南洋航线由中国沿海港至东南亚诸国。

3. 西洋航线由中国沿海港至南亚、阿拉伯和东非沿海诸国。

丝路意义

丝绸之路，是自古以来，从东亚开始，经中亚、西亚进而联结欧洲及北非的这些东西方交通线路的总称。丝绸之路，在世界史上有重大的意义。它是亚欧大陆的交通动脉，是中国、印度、希腊三种主要文化交汇的桥梁。

丝绸之路的开辟是人类文明史上的一个伟大创举，也是古代东西方最长的国际交通路线，它是丝路沿线多民族的共同创造，所以又称之为"友谊之路"。在陆上丝路上起居间和转运作用的古代大宛、康居、印度、安息、阿拉伯、身毒等，对中国丝绸的西运作出了重大贡献，但也为争夺丝路贸易权发生多次争斗，尤以波斯与东罗马之间的斗争最激烈。

让2000年前的丝绸之路重现辉煌

2008年2月19日，来自包括俄罗斯、伊朗、土耳其、中国在内的19国交通部长和高级官员在瑞士日内瓦签署意向书，决定在今后数年投入430亿美元，激活古丝绸之路和其他一些古老的欧亚大陆通道。据透露，此计划由230个项目组成，预计2014年前大体完成，这对促进沿线地区的交流和经济发展将起到很大作用。改善古丝绸之路等欧亚大陆通道的公路、铁路、港口、入关等软硬件条件，将使2000年前的丝绸之路重现辉煌。

打破古"丝绸之路"交通瓶颈

即将打造的这条"现代丝绸之路"全长7000多千米，是一个庞大的区域概念，192亿美元的投资主要建造公路和铁路，建设路线也并不是完全按照古代丝绸之路的路线来修建，而是由一系列的大小道路组成。这些国家希望开发6条运输走廊，其中包括中国至欧洲、俄罗斯至南亚，以及中东铁路和公路的建设体系等。在欧洲方面，这些走廊将南至土耳其，北达俄罗斯，有关方面已邀请俄罗斯参与建设规划。

"丝绸之路"沿线虽然大部分地处内陆，交通落后，但地区幅员广袤，石油、天然气、矿产、农产品等自然资源非常丰富，人口众多，仅上海合作组织6个成员国就占欧亚大陆面积的3/5，人口占世界人口的1/4，是一个比较特殊的区域，自古以来就是东西方国家的一个必争之地。在全球自然资源尤其能源越来越缺乏的今天，亚欧国家要复兴这条"经济脉络"，联手建设这条路，不仅仅能增进欧亚国家经济文化的交流和发展，同时也会促进世界各国的安定团结。

"丝绸之路"是我国走向中亚、西亚、东欧、西欧的最佳捷径。从西北至欧洲，走"丝绸之路"比走海路要节约一半时间和费用；从连云港到鹿特丹，走"丝绸之路"则比走海路缩短9000多千米，时间节约一个多月，运费节省约1/4。同时，现代丝绸之路的建设，除了睦邻及经贸互利因素外，也有助于取代马六甲海峡，中国进口石油路线可以直接由中亚通往中国，减轻过分依赖马六甲海峡的现状。

总部设在曼谷的联合国亚太经社理事会（亚太经社会）交通运输部主任巴里·凯布尔表示，"丝绸之路系统的复活与再生"将为中亚、东欧等国提供机会，同时也能让没有出海口的欧亚大陆腹地和贫瘠地区分享全球化带来的好处。目前，古丝绸之路沿线地区的陆路交通与经济发展并不适应，一些地区甚至仍然通过骆驼等传统的工具运送物资，交通瓶颈有待打破。

据了解，在"丝绸之路"复兴计划启动不久，430亿美元的资金就已经有一半到位，主要来自各国政府资金和世界银行等金融机构。土耳其是这项计划的主要受益者，将拿到份额最大的近115亿美元投资，伊朗和保加利亚也各有84亿和55亿美元投资入账。中国方面，将投资上百亿美元来改善铁路等交通设施。

联合国经社理事会欧洲经济委员会（ECE）交通运输部门负责人埃娃·莫尔纳说，230个项目是长期规划，有些目前未必可行，但随着这些线路上的贸易日益发展，所有项目均有良好的潜在可行性。

我国"复兴丝绸之路"计划主要内容

1. 沿着古"丝绸之路"修筑贯通东西，连接我国中西部重要城市以及亚欧各国的交通大动脉，为我国西部同东部及亚欧各国的经贸交流搭建一条经济文化交流走廊。这一计划基本完成，即基本完成第二亚欧大陆桥、连霍国道和西气东输工程等建设任务。但是这远远不够，还需要加大完善力度，努力将其建设成为"以交通枢纽和大中城市为经济积聚和辐射区，以线串点，以点带面，带动整个区域经济的发展。"

2. 复兴"丝绸之路"沿线的植被和生态，改善基础设施和投资环境，实现人与自然的和谐发展，为西北经济的起飞铺平道路。经济的发展往往与当地自然环境、社会环境有十分重大的关系。据考古学家和历史学家考证，丝绸之路繁荣时期，中国西北不仅土地肥沃、人丁兴旺、生态环境优美，而且具有很高的社会文明水平。

3. 复兴"丝绸之路"的品牌。丝绸之路不仅仅是一条商品贸易通道，更重要的是它是所有汉唐商品、汉唐文化甚至是汉唐民族的品牌，它向世界展示的是中国先进的工艺技术和质量性能。当前，我国已经成为"世界工厂"，然而"中国制造"在国际市场的地位却并不高。因而，"MADE IN CHINA"要走向世界就必须振兴我们的民族品牌。

4. 复兴西北教育水平。西北的落后在于思想观念的落后，其实质是教育的落后。因此复兴西北丝绸之路及振兴西北经济首先必须大力发展教育，提高科技水平和自主创新能力。主要举措：①普及全民教育，适龄儿童免费接受教育。②大力发展高等教育，兴建一批高质量的高等学府。③引进人才。

5. 复兴西北地区的科技水平。丝绸之路的繁荣与当时西北地区的强大科技水平有着重大的关系。主要举措：①大力发展教育，培养人才。②鼓励自主创新和发明创造。加强专利保护制度，鼓励和奖励专利发明和创造。

6. 复兴西北地区同东部及世界经济文化充分交流、信息空前灵通的盛况。丝路繁荣时期的汉唐，西北地区同世界各国联系紧密，信息空前灵通。主要措施：①加强通信网络设施的建设。②交通设施建设。

7. 复兴西北地区商业活动的宽松环境。汉唐时代，丝路商贸活动的频繁和经济繁荣与当时朝廷宽松的商业环境有着重大关系。注重私人资本在西北经济开发中的重大作用，鼓励私人投资和兴办实业，吸引"外资"（西部以外地区的资金），开发西部。

极大促进中国与中亚地区经济互补

中国与中亚地区在经贸上具有很强的互补性。中国方面，中国经济的发展和结构升级，一些大型企业向外投资的欲望加强，中石油、中石化等大型国有企业纷纷开始在筹建一些大型的合作项目。而中亚丰富的资源，对中国的经济发展也是至关重要的。特别是在与俄罗斯合作开发油田的项目被其自然资源部否决后，中亚国家的重要性更为凸现。

中亚国家大多自然资源富集，尚待开发，因此在国际政治经济格局中占据了特殊的位置。例如蕴藏丰富石油和天然气资源的里海地区，将是21世纪全球最具能源开发前景的地方。据了解，自2010年后，哈萨克斯坦每年有能力出口1亿吨原油和1000亿立方米天然气，成为世界第六大石油出口国。土库曼斯坦和乌兹别克斯坦每年的天然气出口也有望分别达到1000亿和200亿立方米。

只有进入国际市场，中亚地区的资源才有可能变成真正的财富。因此，土库曼斯坦最早提出要成为中亚的"科威特"，其他国家随后也纷纷打出"资源"牌，向主要经济合作伙伴推销资源产品，并很快引起世界的关注和资本的涌入。中亚各国还积极促进贸易渠道和出口线路的"多元化",变被动为主动,努力增加同承运商、进口国讨价还价的筹码。

自1996年"上海合作组织"成立以来,中亚四国(哈萨克斯坦、乌兹别克斯坦、吉尔吉斯斯坦和塔吉克斯坦)与中国在政治、军事、经济、教育、交通、能源、环保等方面进行了全方位的合作。众所周知,经济因素是当今国际关系的主要纽带之一,互惠互利的经贸往来对促进各国发展友好关系、维护地区的和平和稳定发挥着十分重要的作用。新疆与中亚国家的经济结构具有较强的依存性、互补性与互利性,尤其是能源产业符合双方的利益,蕴藏着巨大的合作潜力。

而对于中亚国家来说,中国是理想的合作伙伴。首先从地理环境而言,中亚地处内陆,与海洋的最近距离也在1700多千米,这就使得这些中亚国家在发展国际贸易上存在天然的缺陷。中亚国家最近的出海通道是途经阿富汗、巴基斯坦,然后进入印度洋,但由于这两个国家政治上的动荡,使得这条出海通道基本上不具有任何经济意义。

而经由中国新疆、甘肃,然后取道连云港,是中亚国家主要的出海通道,比如乌兹别克斯坦与韩国大宇公司的合作项目就是在连云港装卸货物的。此外,中国的资金和技术,以及一些生活日用品对于中亚国家而言也是不可或缺的。

建立中亚自由贸易区是上海合作组织在地区经贸合作领域的终极目标,已经建成的伊犁哈萨克自治州与哈萨克斯坦的阿拉木图中哈自由贸易区,也并非真正意义上的自贸区,从本质上说也只是边境贸易的一种提升形式。

复兴丝绸之路意义非凡

古"丝绸之路"已经成为历史,但其在中国历史上开始的中西文明的接触碰撞并没有结束,它将在以后继续接触碰撞,并在碰撞中继续相互激发、相互学习,相互从对方的体系中汲取本文化发展需要的养分,相互滋润,使人类在碰撞与被吸收中不断向前发展。而在今天,在复兴丝绸之路的热潮中，古丝绸之路在传播华夏文明（现代文明）中将重新焕发生机。如果我们加深对"丝绸之路"意义的理解，将更有助于我们理解为什么在众多的传播途径中，"丝绸之路"是如此让人难以释怀。有学者表示，"复兴"丝绸之路并非怀旧，而是现实的需要。

新陆桥，旧陆桥

苏联时期，苏联修建了通过西伯利亚连接太平洋港口和欧洲的"大陆桥"，穿越中亚的"丝绸之路"被人为阻断。20世纪90年代初，中亚国家的对外交通必须依赖俄罗斯的铁路和港口，受制于人。为了摆脱窘境，中亚各国非常希望建设一条现代"丝绸之路"，它们也为此做了许多努力。如，1990年12月，自哈萨克斯坦阿拉木图经阿拉山口，抵乌鲁木齐的铁路接轨，1992年正式开通国际联运，被称为第二条亚欧大陆桥。又如，中亚国家积极参与欧盟1993年开始的"运输走廊"计划，这条跨亚欧的线路经高加索、中亚到中国。

建设现代"丝绸之路"，对中亚国家意义非凡。亚欧大陆腹地安全形势非常复杂，恐怖主义、毒品走私、民族冲突、教派对抗、生态危机威胁着各国的稳定，有些国家的贫困问题严重，经济发展陷于困境。而中国和欧洲经济充满活力，亚欧大陆国家间的贸易额已经突破1万亿美元，中亚国家"大陆桥"上的枢纽地位一旦确立，就能推动上述问题的解决，提高各国在国际经济循环中的地位，巩固国家独立，维护国家安全。

贯通中亚的新陆桥与经西伯利亚的第一条大陆桥相比，具有更多优越性。首先，新陆桥地理位置优越，东部起点中国的连云港是四季不冻港，可全年运营；而第一条大陆桥东部起点符拉迪沃斯托克（海参崴）港冬季无法通航。其次，新陆桥经济效益高，新陆桥运距只有10000千米，比旧陆桥运距最少缩短1286千米，最多可缩短3545千米，运费节省，运输时间缩短，海运需56昼夜，经新陆桥只需11~12昼夜。再次，新陆桥条件好，中国境内的线路质量较俄罗斯境内的好，连接的港口多。

然而，约15年过去了，第二条亚欧大陆桥并未成为名副其实的交通大动脉，欧盟推动的"运输走廊"计划也没能顺利实施。时至今日，东亚国家的陆路运输货物多数仍然使用西伯利亚铁路，海路运输依旧具有很强的吸引力。

新"丝绸之路"的建设，同样会遇到类似难题。第一，过境国家很多，地理条件复杂，建设难度大，投资高；第二，近些年来，沿途地区频发政治骚乱甚至战争，重建工程经常停顿，签署的协议无法执行；第三，中亚一些国家仍沿用宽轨铁路，与欧洲和中国所使用的国际标准铁轨不同，使得列车经过时都需要更换车厢；第四，中亚国家于苏联时期修建的铁路电气化程度低，缺乏保养，有的路段已经损坏严重，更新难度大。

与"硬件"问题相比更难以解决的是"软件"。相对于西伯利亚铁路在俄罗斯一国境内，欧亚大陆桥的劣势在于它经过多个国家，虽然距离短，但口岸通过手续复杂，造成货物积压；沿途国家之间严格的签证制度让人员过境非常困难，加上有的国家习惯了层层设卡，索贿受贿严重；运输标准、海关税率等方面的问题也长期悬而未决。

前景美好

东西方文明间通过丝绸之路进行的交流对促进中国、中亚和欧洲国家的经济、文化和社会发展发挥了巨大作用。由于历史变迁，这条满载辉煌记忆的商道逐渐沉寂，甚至一度中断。随着苏联解体和中国经济的崛起，中亚各国一度单纯向北输送的物流转向更具市场潜力的亚欧大陆东部和南部，沉寂多年的"丝绸之路"重新变得繁忙。但是，如果说，古代"丝绸之路"上行走的是马匹和骆驼，今天的"丝绸之路"则必须满足现代运输工具的行驶需求，而从土耳其经伊朗、土库曼斯坦、乌兹别克斯坦、哈萨克斯坦、吉尔吉斯斯坦到达中国的这条主干线中相当一部分无法满足现有的和未来的交通需求。

尽管如此，预计在2018年建成的新"丝绸之路"，正展现出美好的前景。首先是沿线国家表现出了越来越强烈的合作愿望，例如，哈萨克斯坦决定修建全程使用国际标准窄轨的"欧亚"铁路，使来自欧洲的火车不需更换车厢便可直接开往中国。

其次，一些国际组织做出积极努力，出谋划策，解决建设中的各种问题。此次交通和贸易便利化战略，就得到了亚洲开发银行、欧洲复兴开发银行、国际货币基金组织、联合国开发计划署和世界银行的支持。

新"丝绸之路"比古代"丝绸之路"里程更长、辐射范围更广。它东起中国连云港，西至荷兰鹿特丹，途经中国和中亚、欧洲40多个国家和地区，总里程上万千米，所经之地被认为是世界上最长、最具有发展潜力的经济大走廊。

在第三届国际丝绸之路大会上，来自沿线12个国家的交通部长用不同的语言、不同的方式阐述"丝绸之路"对于本国经济发展的重要意义。特别是地处内陆、远离海港的中亚5国，通过这条路，向西可以最快捷地到达西欧海岸，向东可以通过中国获得东部出海口并与南亚、东南亚的广阔市场相接。

资源只有走向市场才能成为财富。据世界银行官员亨利·克拉里透露："中亚5国国内生产总值中的48％来自对外贸易。"连接东西两大洋的新"丝绸之路"正满足了这些国家走出内陆、融入国际大市场的需求。

作为新"丝绸之路"的新起点和终点，中国和欧洲也都可以由此获得新的出海口、新的市场，并得以充分利用中亚地区丰富的资源。新"丝绸之路"的繁荣对于中国西部内陆地区更具有重要的意义。据统计，在中国境内全长4395千米的新"丝绸之路"，在陕西、甘肃、新疆三省、自治区辖区内就达3459千米，占中国境内全路里程三分之二以上。从这个意义上说，新"丝绸之路"就是国道"西北路"。中国交通部总工程师凤懋润用诗一般的语言称赞新"丝绸之路"："一头连着历史，一头连着未来；一头连着内陆，一头连着海洋。"

复兴"丝绸之路"并不仅仅是建设一条路，而是要促进中亚等内陆国家的公路建设，形成一个连通东方与西方、亚洲与欧洲、内陆与海洋的公路网络。

资料显示，在改善、提升"丝绸之路"公路等级的同时，各国均致力于完善境内及跨境、过境公路网络，一个覆盖32个国家、总长超过14万千米的国际公路网，正在亚洲逐步形成，为亚欧区域合作、共同繁荣以及地区和平打下更为坚实的基础。

正如古代"丝绸之路"不仅仅是一条商贸通道，而已经成为东西方物质、文化交流的代名词，新"丝绸之路"也必将成为亚欧大陆社会经济、文化全面交流和发展的重要桥梁。

安定各国的能源之路

地球资源是地球提供给人类衣、食、住、行、医所需要的物质原料，也称为"自然资源"。自然资源分为"可再生"和"不可再生"两大类。不可再生的自然资源主要有石油、煤炭、天然气和其他所有矿产资源，这些资源的储量随着人类的消耗而越来越少。从探明的化石燃料总储量分析，现在地球上分别有：石油1万亿桶、天然气120万亿立方米、煤炭1万亿吨。按照现今全世界对化石燃料的消耗速度计算，这些能源可供人类使用的时间大约还有：石油，45~50年；天然气，50~60年；煤炭，200~220年。

由于人们对资源的依赖性越来越强，加之资源有尽头，所以，保证石油等能源运输道路畅通无阻，或者是开辟出新的道路，切实关系到世界各国的安定团结。

位于阿拉伯半岛和伊朗高原之间的海湾，湾底与沿岸为世界上石油蕴藏最多的地区之一，已探明石油储量占全世界总储量的一半以上，年产量占全世界总产量的三分之一，素有"石油宝库"之称，是世界上许多国家的进口原油产地。长期以来，东亚国家80%的原油进口依赖通过马六甲海峡的海路运输，加大了运输风险，如果辅之以陆路运输，就可以为能源进口提供更多安全保障。因而，复兴"丝绸之路"也是安定各国的能源之路。

北京奥运会开幕式
——精彩绝伦的文化盛宴

美轮美奂的超级工程

2008年8月8日晚，举世瞩目的北京第二十九届夏季奥林匹克运动会开幕式在国家体育场（鸟巢）隆重举行。国家主席胡锦涛出席开幕式并宣布本届奥运会开幕。具有2000多年历史的奥林匹克运动与5000多年传承的灿烂中华文化交相辉映，笔、墨、纸、砚，文房四宝，集天地之精华，展现于笔端画卷，共同谱写人类文明气势恢宏的新篇章。当场地上巨大的"开篇"卷轴慢慢拉开时，全场人为之震撼。这幅147米长，27米宽的巨大LED屏幕，是展现中国5000年历史起源和发展的长卷，开幕式的演出也是由此开始的。

上篇：灿烂文明回顾

"太古遗音"、四大发明、汉字和戏曲，中国灿烂的文化神奇地展示。在悠扬的乐曲中，长卷上浮现出两千多年前丝绸之路的商队和地图，上千名水手，手持黄色巨桨，组成巨大船队，再现郑和下西洋的盛况。音乐声中，巨桨翻飞，海天一色，惊涛骇浪中，两支船队如巨龙般飞舞，全场观众欢声如潮。

天地之间，丹青流淌，水墨晕化，一幅真正的中国画卷打开了。它告诉人们，今晚的演出将从一幅中国画卷开始。画卷中央，铺放着一张白纸。造纸术，是中国古代的四大发明之一。画纸四周的绫子上，流淌着中国文化起源和发展的图案，有岩画、陶器、青铜器……一张1000多年前的古琴，名为"太古遗音"。演员们独特的身体语言，蕴涵了中国水墨画的意趣和韵味。演员在纸上画了朵朵祥云，画了山川、河流、太阳。祥云神奇地消散，只留下山水和太阳。地面上，是中国古代名画《千里江山图》。

接着出现的是孔子的"三千弟子"。演员们吟诵着《论语》中的名句——"四海之内，皆兄弟也"。897块活字印刷字盘变换出不同字体的"和"字，表现了中国汉字的演化过程，也表达了孔子的人文理念：和为贵。

在人类的文明中，汉字具有独特的美。它化天地于形象，化形象于符号。小小的符号变幻无穷，包容了宇宙万物，传达出中国关于人与人、人与自然的最古老的人文理念：和为贵。中国汉字是世界上最古老的文字之一。古老的汉字承载着中华文明源远流长的历史。

当演员们举起这张画纸前行时，地面上是"丝绸之路"的地图以及沿途的文化标志。两千多年前，中国的商队就经常带着贵重的丝绸由长安（今陕西西安）出发，经过河西走廊，进入欧洲大陆。"丝绸之路"成为中西方经济文化交流的重要通道。路，连接起空间，连接起时间，也连接起心灵；路，翻越高山荒漠，跨过江河湖海，穿越历史尘烟，连接起东西方人民的心。

下篇：辉煌时代展望

《星光》一幕中，银白色钢琴弹奏出优美浪漫的旋律，古老的画卷在星光中延展，1000名身穿绿衣的表演者，涌向场地——现代部分表演开始。

突然，一幕人们意想不到的场景出现：绿衣人周身亮起银光，宛若万点繁星，组成一只振翼欲飞的和平鸽，晶莹剔透、满场生辉。继而，演员们身形一变，翠绿如初，瞬间在场中央搭起一个巨大的"鸟巢"，闪烁着绿银交织的光芒。这一幕声、光、电在人体上的曼妙变化，充满灵性和神奇，给人留下难忘印象。

随后的太极的表演体现了传统与未来的交融，表现了人与自然和谐相处，达到天人合一的境界。太极拳是中国武术中最有代表性的一种拳路，它的特点是"动静结合、刚柔相济"。多媒体形式的表演，生动地表现了中国功夫古老的哲学观念：人与自然的和谐。

最吸引人的是奥运开幕史上最大、最沉、最新高科技的模型——直径18米、重16吨的液晶星球，仅设计、制造和安装这颗多媒体"地球"就用了一年多时间。天空中的星球，变幻着色彩和图案，众多演员在"地球"上行走，似乎脱离了地心引力，充满梦幻色彩；体育竞赛在"地球"上诠释着"更快、更高、更强"的奥林匹克精神。

开幕式结尾，英国伦敦女歌手莎拉·布莱曼和中国歌手刘欢深情地唱起北京第二十九届奥林匹克运动会主题歌《我和你》。这不仅体现了中外结合的"国际化"，也寓意了北京奥运会和伦敦奥运会的携手。体育场上展现出2008张世界各地儿童的笑脸，体育场上方的投影屏上也呈现出孩子们笑盈盈的脸庞。情真意切的主题歌和不同肤色儿童的笑脸，形象生动地诠释了北京奥运会"同一个世界、同一个梦想"的主题。

奥运会开幕式超级工程揭秘

北京夏季奥运会开幕式上，宏大的中国文化展示给全世界留下深刻的印象，尤其是文艺表演最后一节《梦想》将开幕式推向了最高潮。其中，那个巨大的"球"到底是怎么制作的？它到底怎么藏在地底？又怎样能在那么短的时间里升上来？开幕式技术总监侯军祥和温庆林两位工程师为人们揭开了谜底。

让人惊奇的四大创意

揭秘一：升起的五环怎么能瞬间出现？

升入空中的"梦幻五环"，让观众震撼不已。其实这个五环是由LED灯组成，连演员身上的演出服也缀满了一颗颗LED，随着演员阵形变化，让星空降临人间、"鸟巢"幻影重现……LED也就是可发光二极管，开幕式上，总共用了4万多个高级二极管，组成了这样一个36×12.5米的巨型五环。实际上它提早升上了半空，并在瞬间通过感应元件点亮。于是在两边的观众就以为，五环是瞬间出现的，其实是灯光的效果。到最后五环突然立起来了，也是这样的原理。

揭秘二：巨型画卷是怎么转动的?

在地面系统上，雅典奥运会的创意是用一个大水池移植了"爱琴海"，而北京则用地下舞台浮出"画轴"，徐徐展开中华5000年历史。一张纸、一个大屏幕、一个五环、一个地球是开幕式的四大重点，这四个重点由两个画轴串联而成，必须把它们有机融合在一起才能串起整场开幕式。从观众的角度看，这两个画轴在美丽地转动着，实际并不是这样的，它们根本没有旋转，只是平移，像两扇门一样。为了造成旋转的效果，技术人员通过不同线束在不同状态下发光的原理，用LED灯渐次熄灭和点亮的原理，制造成旋转的效果。同时，为了达到更加逼真的效果，画轴里面的木芯确实是在转的，这就减轻了负载的重量。

揭秘三：地上的画纸真的是纸吗?

演出上，你一定注意到了演员们举起的画纸吧？画纸确实真的是一张纸，只是经过了特殊的处理，是新开发出来的"蜂窝材料"。它是自带蓄电池的，能自动打开、关闭。舞蹈艺员确实在作画，是通过特制的墨和涂料在白纸上面画，第一次是画水墨山水画，第二次是小朋友涂上彩色颜料。到这里大家以为画完成了，其实还没有，在入场仪式中，通过来自全世界205个国家和地区的运动员留下的脚印，它会聚了世界上最斑斓的足迹，象征了中国与世界的完美融合，绝妙地联系到了最后的点火仪式。

画纸加上两个画轴，组成了长147米、宽36米，总面积3240平方米的三维大屏幕。

揭秘四：巨球是怎么升上去的?

巨球也就是开幕式上的"地球"，它的创意十分新颖。开幕式最后的巨型球是整个仪式的亮点。说起这个球，温庆林的解密让人吃惊：原来"球"根本不是"球"，它是用特制钢丝连接成的环，或者说是一个巨型灯笼比较合适。

这个球叫做"九环球"。它总共有9个钢环，环与环之间其实是细网状的特质钢丝相连。在地上的时候它就是一串钢丝串起的环，只有拉到空中完全展开了，它才是个球。球体直径18米，空间从上到下分为5个层次。

这个钢丝球其实不是最难做的，难就难在怎么把地面上的载重物迅速移开。地下只有3米的空间，上面有50吨的荷载，要在不到8分钟的时间里全部撤掉，是难度最大之处。在不能用机器只能用人手的情况下，大约100个工作人员把地面的道具盖上，设计成10块拆开，然后保证以每秒钟0.5米的速度，让'球'体从地下升上来，总行程30米，在1分钟内升到位。这个过程的设计和演练，所有工作人员花了3年的时间才完成。

设备均创下历届奥运会之最

开幕式上使用的技术、通信等设备均创下了历届奥运会之最。开幕式动用了地面的大型LED、地面的活动舞台、地下舞台的升降装置、高空威压装置，还有利用"鸟巢"特殊结构使用的大屏幕、"碗"边投影的设备、火炬塔等众多先进技术设备，其中仅电脑灯光就达2200多盏、媒体投影灯达190多盏。这些设备的规模是历届奥运会中所没有的。

开幕式动用了演出人员22000人、演出服装15000套、道具9935件。其中最令人震撼的"击缶而歌"，用独特的倒计时方式，打破了历届奥运会的惯例，这个节目用了2008面缶。此外，表现活字印刷的节目用了896个活字模，其高低起伏的变化，都做了精心的编排。所有的演员都需要用耳麦，总量达到了14000多个。其数量和设备使用频率在历届大型文艺表演当中极其罕见。

这次开幕式演出所用到的设备是从5月28日开始在国家体育场安装。6月15日开始，演员一边进行排练，一边进行设备的反复磨合。火炬塔的运行是在运动员入场式期间完成的，它先在鸟巢的顶部实现平移，平移之后直角地立起。这个试验和制作工作，是在2008年的5月份，在北京郊区一个地点进行了试验完成的。

主火炬的驱动系统设计，使用了相关的航天技术。根据反馈信息，控制系统能够自动调整设备运行方向、速度。直径3米多、行程11米多的主火炬，运行控制误差还不到2毫米，精确度达到万分之二。开幕式上空设备的控制台，是解放军总装备部工程设计院研发的第四代控制台"神舟4000"，曾成功保障过航天发射任务。

开幕式融合了古今的伟大科技发明

整场开幕式都是由一幅巨型画卷串联起来的，这张画卷显而易见地向人类展示了古今对于人类历史做出过突出贡献的发明：造纸术、活字印刷术和新兴的LED照明技术。这样的组合不仅表达了对古代科技的崇敬、对未来高科技的向往，更向世人展现了文化的起源、发展和创新。有了这一切，才有了文字的记载，才有了文化的传承和发展。从古至今中国人民崇尚的"和为贵"思想，也都包容在了这流动的画卷之中。

造纸术：一切纸制品的创造者

我们一般认为东汉的蔡伦是纸的发明者，其实不然。早在蔡伦之前，就已经有纸了。不过当时的纸大都以大麻纤维制成，成本高，工艺简陋，加上大麻纤维粗硬，不易捣烂，在成纸时分布很不均匀，因此纸张不平滑，不便于书写，一般只用于包装。有鉴于此，蔡伦决心改进造纸的方法。

蔡伦首先在原料上进行了改进，选用比麻类广泛易得的树皮、破布等作纤维素的来源，大大降低了造纸成本。从树皮中提取纤维素要比麻类难度大，因为树皮中多了一种物质——木质素。木质素类似于"胶水"，能将纤维素粘在一起。树木中木质素含量高达30%，使得纤维素的分离非常困难。后来蔡伦发现，木质素在碱液中会发生一定程度的碱性水解，遂采用碱液来分离纤维素和木质素。

之后，蔡伦不断实验和改进，形成了一整套工艺流程：第一步是原料分离，用沤浸或蒸煮的方法让木质素在碱液中脱胶，使原料分散成纤维状；第二步是打浆，用切割和捶捣的方法切断纤维，使纤维呈丝裂状，成为纸浆；第三步是抄造，把纸浆渗水制成浆液，然后让纸浆在捞纸器上交织成薄片状湿纸；第四步是干燥，把湿纸晒干或晾干，揭下就成为纸张。

在蔡伦发明造纸术之后，虽然工艺不断完善和成熟，但这四个步骤基本上没有变化。即使在现代，在湿法造纸生产中，其生产工艺与我国古代造纸法仍没有根本区别。

活字印刷术：革命性的创新

书籍是人类智慧的结晶。作为记录知识的载体，书籍的发明和发展与人类记录知识的方法紧密相关。在书籍的发展过程中，记录知识的方法经历了写刻、手抄、拓印、雕版印刷和活字印刷等若干阶段。活字印刷的出现，是书籍发展史上的一次革命性事件，它使知识更便于推广和普及。因此，印刷术是中华民族对全人类的伟大贡献。

自从汉朝发明纸以后，书写材料比起过去用的甲骨、简牍、金石和缣帛轻便、经济多了，但是抄写书籍还是非常费时费力的，远远不能适应社会的需要。因此，到东汉末年（公元172—178年），出现了摹印和拓印石碑的方法。大约在隋朝（公元600年左右），人们从刻印章中得到启发，发明了人类历史上最早的雕版印刷术。

雕版印刷是印刷术的初级阶段，即选择质地细密坚实的木材做成木板，把要印的字或画用刀反着刻在木板上。印刷时，在木板上涂上油墨然后将纸铺在上面，用刷子轻轻一刷，再把纸揭下来，文字或画就印在纸上了。雕版印刷术的好处是能够反复使用，一版能印几百部甚至几千部书。雕版印刷术的出现大大促进了文化的传播。

但是刻板费时费工，大部头的书往往要花费几年的时间，存放版片又要占用很大的地方，而且常会因变形、虫蛀、腐蚀而损坏。印量少而不需要重印的书，版片就成了废物。最麻烦的是，如果雕版发现错别字，改起来很困难，常需整块版重新雕刻。

1041—1048年，平民出身的毕昇发明了活字印刷，改进了雕版印刷的这些缺点，完成了印刷史上一项重大的革命——活字印刷。

活字印刷的方法是：用胶泥做成一个个规格一致的毛坯，在一端刻上反体单字，字划突起一定的高度，用火烧硬，成为单个的胶泥活字。

为了适应排版的需要，一般常用字都备有几个甚至几十个，以备同一版内重复的时候使用。遇到不常用的冷僻字，如果事前没有准备，可以随制随用。为便于拣字，把胶泥活字按韵分类放在木格子里，贴上纸条标明。排字的时候，用一块带框的铁板作底托，上面敷一层用松脂、蜡和纸灰混合制成的药剂，然后把需要的胶泥活字拣出来一个个排进框内。排满一框就成为一版，再用火烘烤，等药剂稍微熔化，用一块平板把字面压平，药剂冷却凝固后，就成为版型。印刷的时候，只要在版型上刷上墨，覆上纸，加一定的压力就行了。

为了可以连续印刷，就用两块铁板，一版加刷，另一版排字，两版交替使用。印完以后，用火把药剂烤化，用手轻轻一抖，活字就可以从铁板上脱落下来，再按韵放回原来木格里，以备下次再用。

毕昇的胶泥活字版印刷方法，如果只印二三本，不算省事，但如果印成百上千份，工作效率就极其可观了，不仅能够节约大量的人力物力，而且可以大大提高印刷的速度和质量，比雕版印刷要灵活得多。现代的凸版铅印，虽然在设备和技术条件上是宋朝毕昇的活字印刷所无法比拟的，但是基本原理和方法是完全相同的。因此，作为我国四大发明之一的活字印刷术，无疑为人类文化做出了重大的贡献。

LED：电子世界中的"英雄"

古老的白炽灯曾经是驱赶黑暗的"光明使者"，但在节能环保的今天，它们的能源浪费引起了人们的关注，白炽灯能源浪费高达90%以上，这些电能并没有转化为光能，而是以热能的形式散失了。

因此，它们正在慢慢被更加高效节能的冷光源所替代，冷光源不会因产生热而浪费大量的电能——它们发出的大部分都是可见光。如发光二极管（LED），节能率是白炽灯的10倍，寿命可达10万小时。

LED只是一种易于装配到电子电路中的微型灯泡，它们是电子世界中真正的"英雄"，在各种设备中都不乏它们的身影。例如：电子钟表表盘上的数字，汽车内仪表盘照明，设备开启时发出的提示，这些可都是它们的功劳。LED微型灯泡的亮度很强，如果它们集结在一起发光，可以组成超大电视屏幕上的图像，或是用于点亮交通信号灯。

它们如此耐用，是因为它们与普通白炽灯全然不同，它们并不含有可耗尽的钨丝，也不会变得特别烫。它们能够发光，仅仅是半导体材料内电子运动的结果。LED是由两层很薄掺入杂质的半导体材料制造的，一层带过量电子，另一层则缺乏电子，在材料内形成可供电子移动的"空穴"。当有电流通过时，电子将向空穴移动，并释放能量，产生光辐射。

古生物化石科学考察
——保护不可再生的自然遗产

古生物化石简介

古生物化石指的是人类史前地质历史时期形成并赋存于地层中的生物遗体和活动遗迹，包括植物、无脊椎动物、脊椎动物等化石及其遗迹化石。它是地球历史的鉴证，是研究生物起源和进化等的科学依据。古生物化石不同于文化，它是重要的地质遗迹，是宝贵的、不可再生的自然遗产。

古生物化石的产生条件及其价值

一个生物是否能形成化石取决于许多因素，但是有三个因素是基本的：

1. 有机物必须拥有坚硬部分，如壳、骨、牙或木质组织。然而，在非常有利的条件下，即使是非常脆弱的生物，如昆虫或水母也能够变成化石。

2. 生物在死后必须立即避免被毁灭。如果一个生物的身体部分被压碎、腐烂或严重风化，这就可能改变或取消该种生物变成化石的可能性。

3. 生物必须被某种能阻碍分解的物质迅速地埋藏起来。这种掩埋物质的类型通常取决于生物生存的环境。海生动物的遗体通常都能变成化石，这是因为海生动物死亡后沉在海底，被软泥覆盖。软泥在后来的地质时代中则变成页岩或石灰岩。较细粒的沉积物不易损坏生物的遗体。在德国的侏罗纪的某些细粒沉积岩中，很好地保存了诸如鸟、昆虫、水母这样一些脆弱的生物的化石。

古生物化石需要保护，不仅是因为它的不可再生性，更重要的是它身上所包含的价值。古生物化石可以为研究地质时期动植物生活习性、繁殖方式及当时的生态环境，提供十分珍贵的实物证据；古生物化石对研究地质时期古地理、古气候、地球的演变、生物的进化等具有不可估量的价值；古生物化石为探索地球上生物的大批死亡、灭绝事件等的研究，提供罕见的实体；有些特殊、特形化石其本身或经加工具有极高的美学欣赏价值和收藏价值，因此，在一定意义上，古生物化石也是一种重要的地质旅游资源和旅游商品资源。

我国重要的古生物化石产地

我国是古生物化石比较丰富的国家之一，几乎遍及全国各地。其中有不少是国家乃至世界的宝贵遗产，特别是河南南阳、湖北郧阳、内蒙古二连浩特恐龙蛋及骨骼化石，辽西的鸟化石，云南澄江动物群化石，山东山旺动物、植物等珍稀的古生物化石，受到国际上特别是科学界的广泛青睐。

一、山旺古生物化石

山东临朐山旺古生物化石被列为世界遗产之最，发掘于临朐县城东20千米的山旺村。其间，保存着1800万年前各种动植物化石。这些化石，种类繁多，精美完好，印痕清晰，栩栩如生，被誉为"化石宝库""万卷书"，是一座古生物化石天然博物馆。现已发现的有10多个门类，400余种。植物化石有苔藓、蕨类、裸子植物和被子植物；动物化石有昆虫、鱼、两栖、爬行、鸟和哺乳动物各类。山旺化石如圆基香椿、胡桃、昆虫、玄武蛙、螳螂、蝾螈、龟、鸟、野猪、三角原古鹿、纤细近五角犀、东方祖熊等化石标本已成为重要的旅游商品，广为人们收藏。

二、澄江动物化石群

在云南澄江县帽天山，发现了轰动世界的澄江动物群化石。这是目前世界上发现最古老、保存最完整的软体动物化石群。自1984年发现"纳罗虫"以后的10年间，近10个国家的50多位科学家在这一带采集化石约5万块，它们分别属于海绵、腔肠、蠕形、节肢、腕足等动物门或超门，有的动物因未曾见过而无法分属。科学家在澄江化石中已发现40多个门类的80多种动物。澄江化石群中的云南虫被证实是地球上最古老的半索动物，从而解决了生物进化论上最棘手的难题之一，即脊椎动物与无脊椎动物两大类别的演化关系。这一发现在进化生命科学上具有极为重要的意义。澄江动物化石群的发现被国际学术界列为"20世纪重大科学发现之一"。

三、恐龙化石

恐龙是爬行动物中的一个庞大家族，生活在距今2.25~0.65亿年前的大陆上，曾经统治地球达1.6亿年之久。专家认为，地球生活过的恐龙有900~1200个属。人类发现恐龙化石已有180多年的历史。100多年来，恐龙一直是古生物学界和全人类最感兴趣的话题之一。

我国发现的恐龙化石产地很多，并很有特色，主要分布在黑龙江嘉阴一带，四川自贡及四川盆地其他地区，山东诸城，内蒙古二连浩特盐池和查干诺尔，广东南雄，山西天镇，河南西峡、内乡，新疆准噶尔盆地，以及广西扶绥，浙江永康，贵州等地。

四、鸟类化石

我国鸟类化石的发现已有几十年的历史。鸟化石种类很多，仅周口店鸟类群就有鸟化石122种。近年来，辽宁西部北票中华龙鸟化石的发现，一举打破了德国在早期鸟类化石方面的垄断地位，初步认为鸟类是由小型恐龙演化而来，其科学价值无法估量。中华龙鸟是鸟类真正始祖，其发现，有力地支持了鸟类是由小型兽脚类恐龙演化而来的学说，并将原始鸟类演化历史分为四个阶段：中华龙鸟期—始祖鸟期—孔子鸟期—真鸟期。四个阶段的代表在辽宁西部都有发现。这些发现引起世界轰动。

五、古象化石

古象化石在我国有多处发现，除具有科研价值外，还有重要的观赏价值。我国古象化石的重要类型有：内蒙古扎赉诺尔松花江猛玛象，它是我国最大的古象化石，化石全长9米，身高4.7米。甘肃合水县板桥"黄河剑齿象"，它是世界上个体最大、保存最完整的剑齿象化石。同时出土的还有鸵鸟、三趾马、羚羊。

与文物的区别

一、古生物化石，指人类史前由于地质作用形成并赋存于地层中的生物遗体和活动遗迹，包括植物、无脊椎动物、脊椎动物等化石及其遗迹化石。它们是经过漫长地质作用形成的、不可再生的地质遗迹，是国家宝贵的自然遗产。它不是历史文化遗物，不属于"考古"的范畴。

二、文物研究的时间跨度是指"人类历史以来"，而化石研究是"史前"的地质时期。

三、古生物化石与文物自然属性以及保存状态存在很大的差异，文物的挖掘保护方式及研究与古生物化石的挖掘保护方式差别也非常大。

四、在科学研究范畴上，文物研究属社会科学类，而古生物化石研究属自然科学类，前者属考古学（英文为Archaeology），后者属古生物学（英文为Paleontology），在国际上早已获得公认。

五、从学科归属和人才培养模式上，古生物学属自然学科类，文物考古属社会学科中的历史学大类。在国务院学位委员会和国家教委颁发的学士、硕士以及博士培养目录中，古生物学一直是一级学科地质学下属的二级学科，名称为古生物学及地层学；文物考古分属历史学下考古学及博物馆学，二者分属不同的学科体系。

古生物化石研究成果

新化石的发现能够为人类对于早期动物生活习性和生活环境的研究提供新的线索和证据，往往给人们带来许多惊喜。如2006年6月16日，《科学》杂志发表了中国地质科学院有关专家撰写的论文，确认我国甘肃昌马盆地早白垩世地层中发现的甘肃鸟是目前世界上发现的最古老的今鸟类化石，将今鸟类的化石记录提前了约3000万年。

贵州关岭生物群研究取得新突破

2004年11月，经中国地质调查局批准的"关岭生物群研究"项目取得新突破：有关专家首次查明关岭生物群各门类生物化石产出的确切层位，首次发现十分完整而精美的大型鱼类化石和古植物化石，并对关岭生物群时代形成条件和埋葬环境产生了新的认识，为关岭生物群天然博物馆的选址获得了第一手材料。

有"古生物王国"美誉的关岭布依族苗族自治县，位于贵州西南部，紧邻世界第三大瀑布黄果树瀑布风景区。"关岭生物群研究"项目，由中国地质调查局地层生物研究中心、贵州地勘局、湖北宜昌地质矿产研究所等科研部门进行合作研究。在关岭县新铺乡，通过对山体剖面的详细测量和标本系统的采集，首次初步查明部分海生爬行动物"鱼龙、幻龙和海龙"、棘皮动物"海百合"、鱼类、菊石、鹦鹉螺、腕足类、古植物等的确切层位和埋葬特点以及生成分布规律等。同时在新铺乡小凹采坑中，首次发现一条长达90厘米的精美鱼类化石和数条20厘米左右的小型鱼类化石，并获得具有重要时代意义和揭示古气候环境特点的古植物化石。专家们称，关岭生物化石群对于研究晚三叠世的古生物学、古生态学、古海洋学、古地理学、埋藏学和地层学等都具有非常重要的科学价值。

为研究和保护关岭古生物群，专家们还提出了在关岭发展地质旅游事业的新观点。事实上，专家们已经在行动，如，在采坑三个不同层位中发现的6条海生爬行动物和大量精美的海百合化石和其他化石，专家们就地进行了原位保存，并利用开采遗弃的片石临时搭起了露天展馆，这为专家和当地政府建立关岭古生物天然博物馆或地质公园的设想奠定了基础。

酒泉考古新发现——中国始祖鸟化石重现其身

2005年10月，我国考古人员在甘肃玉门油田沈家湾地区进行地质考察时，发掘出我国少有的中生代鸟类骨骼化石、大而完整的鳄鱼化石和只有羊羔大小的恐龙化石。

在玉门沈家湾发掘出的中生代鸟类化石——甘肃玉门鸟的鸟爪、腿骨和羽毛化石，其腿骨骨骼、鸟爪和羽毛虽经上亿年的变化，纹路仍清晰可见，保存相当完好。据专家初步研究认为，被发现的这只甘肃玉门鸟是一只生活在古湖岸边靠食湖泊中小生物为生的水鸟，嘴长、身短、腿长，腿骨相当坚硬，其羽毛防水性能极强，是始祖鸟和其他鸟类之间的一种鸟类。

早在1861年德国首块始祖鸟化石报道后，鸟类的起源成了古生物学家和生物学家最感兴趣的课题之一。然而一个多世纪以来相关的争论持续不断，其原因是中生代鸟类化石发现极少。中国科学院古脊椎动物与古人类研究所有关专家数十年来一直致力于古鸟的研究工作。1984年，在甘肃祁连山雪峰之下的玉门昌马地区的白垩纪地层中发掘出了甘肃玉门鸟，有关专家提出了此鸟是我国第一件中生代鸟类化石后，引起了学术界广泛关注。

此次在玉门沈家湾发掘出的鸟骨化石更加印证了有关专家关于甘肃玉门鸟是中国第一件中生代鸟类化石的学术论断，也更加证明了在1.1~1.2亿年前，玉门昌马地区曾是一片完整的湖泊森林，植被茂密，水草丰美，湖泊沼泽分布其中，古湖边缘是此类水鸟生息的乐园，但随着突如其来的地壳运动和祁连山脉及青藏高原的发展和整体上升，这一切全部都被掩埋了。

这一发现对于酒泉被称为"古生物化石的故乡"提供了新的证据，同时，也为生物学界研究鸟类的起源提供了新的佐证，据此我国古生物学家取得了一批高水平的科研成果，使我国的鸟类起源和早期演化、真兽生动物起源和早期演化等领域的研究迅速步入了世界先进行列。这些研究的论文被分别发表在《自然》和《科学》杂志上。

宁夏古生物化石揭秘黄土高原6千万年前全是湖水

黄土高原是中国四大高原之一，位于内蒙古高原以南，北起长城，南达秦岭，东至太行山，西抵祁连山，横跨青海、甘肃、宁夏、陕西等6个省区，总面积达58万平方千米，是世界上黄土分布最广阔、最深厚也最典型的黄土地貌区。这块辽阔的地域，海拔大约在1000~2000米之间，黄土层最厚的地方可达200米以上，高原约60%的地面为黄土所覆盖，构成了广阔而巨厚的黄土堆积，是中国乃至世界最独特的黄土地貌。

2006年，经文物工作者和地质人员对泾源县境内和彭阳县等地发现的古生物化石进行研究，证实约在6000万年前，黄土高原全是湖水，现在的山峰则是湖水中的孤岛。

宁夏泾源县文物工作者在泾源县的漫湾找到大面积鱼化石。这些鱼化石在山脚下的岩石上层层成片，片片平直，有的厚若楼板，有的薄如硬币。这些化石形态迥异，呈现出弯曲、波浪、平行等，除少部分交错重叠外，多数单独成形。更为奇特的是，化石上的鱼头、躯干、尾不仅形象完整，而且胸鳍、腹鳍、背鳍、尾鳍——清晰可见，甚至鱼头部分所显示的颜色层次分明，色度明晰。在鱼化石的岩石上，还有古树叶轮廓。

科学考察证明，固原地区很早以前是一片海洋。大约在距今4亿6000万年前的奥陶纪，六盘山、月亮山等山峰开始处于上升阶段；早石炭纪时，海水自西北入侵，地壳震动频繁，海水时进时退；到了中石炭纪末期，地壳升起，固原地区结束了海侵的历史。在距今6000万年前的古新世末期，地壳发生剧烈断块式上升与下降，到了距今24万年前的喜马拉雅山造山运动，六盘山、月亮山等发生剧烈的上升运动，使其他地区由沉陷状态变为抬升，构成了丘陵。此后，随着山区间歇式继续上升，广大的丘陵区均沉积了厚度不等的风成黄土，在盆地中心或山麓地带则有冲积的砾岩和粘土，大量的黄土堆积，覆盖了山坡丘陵，形成了目前黄土高原的地形地貌。

古生物化石亟需保护

2009年4月10日，中国古生物化石保护基金会正式成立，这标志着我国在保护珍贵自然遗产方面又迈出重要一步。古生物化石保护基金会是经国务院批准，由国土资源部主管的非营利性的社团组织，从申请、筹办到获得批准，历时3年。按照基金管理条例规定，所募资金70%用于公益事业，20%用于投资，10%用于工作人员管理费用。古生物化石保护基金会承担保值、增值责任。基金会正按照宗旨募集社会资金，通过宣传倡导、资助奖励和交流合作，促进地球科学和古生物学的研究与科学普及，保护古生物化石及地质环境，提高全民科学文化素质。

保护现状

党和政府十分重视古生物化石的保护，对古生物化石采取了不少保护措施，特别是赋予国土资源部对全国古生物化石实施保护和监督管理的权力。1999年4月9日国土资源部颁发了《关于加强古生物化石保护的通知》，使得古生物化石的保护在一定程度上得到了加强。但是，由于种种原因，使得古生物化石难以得到有效的保护。目前古生物化石保护存在的问题表现在如下几个方面：

1. 许多珍贵的古生物化石流失难以得到有效的控制，有的甚至遭到严重破坏，损失巨大。例如，辽宁西部朝阳、锦州等地区中生代地层中鸟鱼化石的发现，引起国内外科学界和新闻界的广泛关注，继而引发了大量鸟类及其他各种化石的乱采滥挖，大量化石被毁坏，化石产地也被滥挖得千疮百孔。

2. 由于市场经济的全面发展，为了追求利益，有的单位和个人走私、倒卖古生物化石特别是重要化石日趋严重。例如：河南西峡县恐龙蛋化石盗挖屡禁不止，走私猖獗，尽管海关已查堵多起走私案件，销往国外的恐龙蛋仍达数千枚；辽宁珍贵稀有的鸟类化石已流失到日本、韩国和美国等国家100多块，令人震惊。

3. 古生物化石的管理机构不健全，管理不到位。

4. 由于缺少古生物化石专项保护经费，使古生物化石的保护管理难以有效地落实。

5. 古生物化石保护的法规不完善，并且，对已有的法规宣传力度不够。

6. 虽然古生物化石的个人收藏逐渐兴起，但广大公众的古生物化石知识和对其科学价值的了解却不够，因此，对古生物化石的保护意识急待提高。

7. 我国古生物化石保护工作对外交流不够，与国际上的通行做法有一定差距。

国家重点保护古生物化石内容

国家对珍贵、稀有和其他具有重要科学、社会价值的古生物化石，实行重点保护。根据国土资源部起草的《古生物化石保护管理规定》，国家重点保护的古生物化石分为两级。下列古生物化石属于国家一级重点保护古生物化石：

1. 已经过正式研究发表的古生物种属的模式标本。

2. 化石保护区内所赋存的各类化石。

3. 特殊意义的化石层位中赋存的化石标本。

4. 保存完整或者较完整的古脊椎动物化石（包括古人类化石）。

5. 在生物进化及分类中具特殊意义的化石。

6. 国内稀有或者缺少的古生物化石。

7. 在化石保存现场的大型或集中产出的骨骼化石堆积、硅化木森林、脊椎动物足迹、蛋化石及其他遗迹化石。

8. 在各类博物馆、文物保护单位和其他机构收藏、保存，尚未经国土资源行政主管部门组织认定的化石标本。

下列古生物化石属于国家二级重点保护古生物化石：

1. 已经专家研究发表的，保存状况一般，且数量较多的古脊椎动物化石。

2. 经国土资源行政主管部门组织鉴定，具有一定科学价值的古生物化石。

3. 保存精美，具有明显区域特色和一定科学价值的无脊椎动物化石和植物化石。

4. 经国土资源行政主管部门初步判定具重要科学价值的古生物化石。

加强管理的保护措施

1. 加强对古生物化石保护工作的领导。首先，要有各级领导的重视，明确古生物化石是不可再生的自然遗产。其次，要理顺各级、各层次古生物化石的领导体制和管理体制。第三，各级政府要制定古生物化石保护的规划并组织实施。

2. 加强法律法规的制定。结合古生物化石保护的特点，深入探讨现有的法律法规，及时出台，使各项古生物化石保护管理工作依法进行。

3. 建立健全稳定的投入保障机制。多渠道、多层次筹集古生物化石保护资金，国家和地方要将古生物化石保护纳入国家与当地基本建设计划，建立示范保护，积极开辟新的资金渠道，广泛吸引社会各方面的资金包括建立古生物化石保护基金。

4. 加强古生物化石保护的宣传教育工作，务使尽量多的人理解古生物化石保护的意义。加强古生物化石保护的科学普及工作，提高全体公众保护古生物化石的意识，正确地引导化石的个人收藏行为。

5. 积极开展科学研究工作，提高其科学价值，并及时将科研成果引入保护管理工作中。在开展科学研究的同时积极进行国际学术交流，特别是学习国外古生物化石保护先进的科学技术手段，切实、有效地保护好古生物化石这一珍贵的地质自然遗产。

6. 加强与联合国教科文组织世界遗产中国委员会的联系，积极参加联合国教科文组织的地质遗产保护的有关工作，尽快使我国的古生物化石保护工作与国际接轨。

国家文化创新工程
——繁荣文化的必由之路

全面提升文化自主创新能力

改革开放以来，特别是党的十六大以来，我国文化建设取得了巨大成就，文化体制改革取得积极进展，文化事业和文化产业步入协调快速发展的良性轨道，文化建设开创了新局面。不过，文化发展的体制还不健全，活力还不强，与全社会快速增长的精神文化需求不相适应，与日趋完善的社会主义市场经济体制不相适应，与对外开放不断扩大的新要求不相适应，与现代科学技术和传播手段迅猛发展和广泛应用的新形势不相适应。

文化创新面面俱到

党的十七大报告指出："在时代的高起点上推动文化内容形式、体制机制、传播手段创新，解放和发展文化生产力，是繁荣文化的必由之路。"破解文化发展中的难题，提高文化发展的整体水平，提升我国文化的软实力，推动文化建设与经济建设、政治建设、社会建设协调发展，迫切需要我们在科学发展观统领下，以文化创新推动文化发展。

为营造文化创新氛围，完善文化创新体系，加强民族自主创新能力，提升国家的文化软实力，文化部于2009年开始实施国家文化创新工程，具体工作由文化科技司负责。

国家文化创新工程是以国家力量推进的系统工程，以文化创新项目为对象，以文化创新体系为基础，以科学发展观为指导，以提升自主创新能力为目的，涵盖观念和理念创新、文化体制机制创新、文化产品和服务创新、文化内容创新、民族文化资源开发模式创新、文化创作形式创新、文化生产形式创新、文化传播手段创新、文化管理创新、文化市场培育模式创新、文化科技创新、人才创新等文化建设的方方面面。通过实施国家文化创新工程，培育资助和优化推广一批具有前景的创意设想和创新项目，增强各界人士参与文化创新的自觉性和主动性，营造有利于创新项目成长的文化氛围，加快构建有利于全面提升自主创新能力的体制机制。

逐步完善文化创新体系

按照"分步实施创新项目、逐步完善文化创新体系、全面提升自主创新能力"的指导思想，国家文化创新工程划分成相互关联的8个子项工程，有所侧重地有序推进，包括：文化创新理论研究工程、文化创新项目培育工程、文化创新项目促进工程、文化创新项目优选工程、文化创新项目推广工程、文化科技创新工程、标准化建设工程、文化创新人才建设工程。其中：

实现"从无到有"的文化创新培育工程，面向全国文化艺术领域，遴选在创作、生产、传播、管理过程中具有创新前景的项目，政府在政策、资金、技术方面予以扶持、资助或提供风险投资；涉及范围包括文学创作、舞台艺术、美术、文化传播、公共服务、非物质文化遗产保护等。培育项目扶持对象包括文化创新试验区、文化创新孵化基地、文化创新研究基地等创新环境的建设，也包括扶持有重大创新意义的研究项目和具有示范性、导向性的文化产业项目的研发。

实现"从小到大"的文化创新促进工程，在每年的培育项目中，遴选出具有创新特色或具有显著潜力的项目作为"促进项目"，给予后期扶持拓展，提供配套资金促进项目成型。配套专项经费主要用于从项目的创新点上促进其形成成熟的理论观念、体制机制、方法手段或形式内容的创新内容，并提炼和总结出文化行业标准化成果，在文化创新体系框架中进行基础研究，分析和研究从创新点到完整创新成果的科学规律。

实现"从大到优"的文化创新择优工程，是2004年开始实施的文化部创新奖项目的延续，由原来鼓励和调动广大文化工作者文化创新的积极性，调整为选择具有导向性、示范性和实践性的成熟项目。入选项目要求有一套相对完整的科学理论、科学方法做指导，将科学理论、方法和技术创造性地应用在文化工作中，具有广泛应用的价值。

实现"以点带面"的文化创新项目推广工程，以每届文化部创新奖获奖项目为点，向社会全面推广，使获奖项目真正实现引领、示范的社会效益，真正实现文化创新工程"培育有目的、促进有成果、评奖有效果"的系统工程目标。工程以推广方法、思路、理念、观念和科学技术、基础理论为主，以培育自主创新能力和自身内容创新为根本目的，使获奖项目在推广过程中逐步培育出更多、更广的创新项目，实现系统工程的良性循环。

首批创新工程项目

2009年度，国家文化创新工程遴选了7个首批创新工程项目，包括"苏州市昆曲遗产保护、继承、弘扬工程""图书馆服务模式创新——自助图书馆的研制与实施""多民族地区村寨文化建设与社会发展示范项目""国家动漫游戏产业产权交易中心优化建设项目""数字文化家园：上海东方社区信息苑项目""区域文化联动项目"和"新兴城市文化建设中的科技自觉研究"。下面对前6个项目做一个详细介绍。

苏州市昆曲遗产保护、继承、弘扬工程

2001年5月18日，昆曲被联合国教科文组织列为"人类口述和非物质文化遗产代表作"。苏州市在认真研究昆曲艺术历史发展规律和总结昆曲保护既有经验的基础上，提出了两个"五位一体"的保护思路，即以节（中国昆曲艺术节和虎丘曲会）、馆（中国昆曲博物馆）、所（苏州昆曲传习所）、院（苏州昆剧院）、场（一批固定的演出场所）五位为一体，和以中心（中国昆曲研究中心）、学校（苏州昆曲学校）、曲社、媒体传播（昆曲电视专场和昆曲网站）、中介（海外交流中介机构）、法规五位为一体，形成了

《苏州市保护、继承、弘扬昆曲遗产工作十年规划》。两个"五位一体"的实施，使苏州逐步形成了在昆曲遗产保护与继承、普及与提高，以及加快昆曲传统剧目抢救与人才培育传承等方面的整体资源优势。"苏州市昆曲遗产保护、继承、弘扬工程"曾以整体保护的创新理念和实践，获首届文化部创新奖特等奖。

纳入国家文化创新工程之后，该项目将进一步发挥苏州在昆曲遗产保护与继承、弘扬等方面的整体资源优势，使昆曲艺术和昆曲保护工作充满生机和活力，融入苏州古城保护与推进现代化建设的战略，力争把苏州建设成为海内外有影响的中国昆曲遗产的保护研究基地、人才培养基地，使昆曲遗产在新世纪的生存状态与其在世界文化中的地位相匹配。

图书馆服务模式创新

面对日益增长的文化需求，我国图书馆的整体布局不尽合理，辐射范围依然有限，服务配套和运营管理后劲不足，影响了图书馆及其文献资源的有效利用，更影响了公共文化服务均等化、便利化、人性化服务目标的实现。为利用现代科学技术解决图书馆领域存在的问题，深圳图书馆和东莞图书馆分别开始研制自助图书馆的尝试。

深圳图书馆2004年确定在新馆引进RFID技术，全面推行自助服务，新馆开放时在全国乃至全世界引起了强烈反响。2006年10月提出"城市街区24小时自助图书馆系统"建设构想；2007年6月被列为文化部科研项目；2008年4月研制出首台自助图书馆服务机样机；2008年7月，10台自助图书馆服务机首次走进社区为市民提供服务；2009年4月，40台自助图书馆服务机构成的网络遍布城市街区，全面提供服务；2009年6月，通过文化部组织的项目验收。

东莞图书馆2004年年底初步形成以自助服务方式实现图书馆无间断服务的构思；2005年9月底，24小时服务的自助图书馆正式开放；2005年年底，初步形成研发"图书馆ATM"的构思；2007年8月研制出首台图书馆ATM样机，12月正式与读者见面；2008年，"图书馆ATM"获美国图书馆协会（ALA）颁发的"国际创新奖"。

上述两个项目以读者需求为目标，以理念创新为引导，充分运用先进科技手段来改造传统文化生产经营和传播模式，不仅拓展了文化产品的传播渠道，丰富了文化产品的传播手段，保障了人民群众的基本文化权益，而且引发了图书馆建设、运营模式的大变革。由深圳图书馆实施的"城市街区24小时自助图书馆系统"获第三届文化部创新奖。

目前，自助图书馆还存在着一些需要克服的问题，如布点太少、管理软件不够完善等等，需要进一步培育和发展。

多民族地区村寨文化与社会发展示范项目

贵州是一个民族众多、文化资源丰厚、文化多样性、经济社会发展水平相对滞后的西部省份。为进一步贯彻中央关于加快民族地区文化建设的精神，探索多民族地区村寨文化建设与社会可持续发展的实现方式，贵州省文化厅、贵州省文物局、文化部民族民间文艺发展中心，经过充分沟通和研究，共同设立"多民族地区村寨文化建设与社会发展示范项目"。2006年，该项目开始前期酝酿。2007年部分项目开始实施。2009年项目全面启动。

该项目选取贵州不同民族、不同地域、不同文化类型、不同发展方式和发展水平的若干村寨，在深入调查研究的基础上，按照国家建设社会主义新农村的要求，结合文化遗产保护和农村文化建设等有关工作，以"政府扶持、学术指导、科技应用、村民主导"的方式，推动村寨的全面发展，探索多民族、欠发达地区文化保护与农村发展的手段和模式。

项目所选村寨均具有浓郁的民族特色，涵盖了苗族、水族、侗族和汉族等民族。这些村寨都拥有丰富的自然文化资源。在发展类型上，既有传统稻作农业村寨，也有手工艺村落，还有与清水江木材贸易紧密联系的商业村寨。在发展水平上，既有人均GDP不足1500元的村寨，也有新农村建设的示范村。它们都面临着民族村寨保护和发展的难题：民族传统文化传承状态堪忧，村寨公共文化活动逐渐萎缩，文化设施缺乏，村寨发展动力不足等。

"多民族地区村寨文化建设与社会发展示范项目"从理念到实施，都有别于一般文化建设或文化保护项目，而是一次将文化建设作为切入点和支撑力量来推动社会发展的实践。在多次沟通后，各项目点的官员、参与的学者和民众对项目理念高度认同，并主动积极地参与到工作之中，形成了良好的项目实施氛围。在执行过程中，该项目在村一级上将各类文化建设项目有效整合，通盘考虑，尝试为农村公共文化服务体系的建设探索一条新的道路。

项目也实现了产、学、研的结合，强调学校、企业、科研的结合，既提出适度商业化的文化产业、旅游产业发展目标，又创造了社科研究的平台和对象。此外，项目强调保护与发展、传统与现代、文化与科技的良性结合。

国家动漫游戏产业产权交易中心优化建设项目

产权是现代社会经济关系的核心，是各类资源配置的依据和出发点。为搭建文化产业与资本市场间的桥梁，2007年6月，国家动漫游戏产业振兴基地和上海联合产权交易所联合成立了国家动漫游戏产业产权交易中心。这是国内文化创意产业领域的首个产权交易服务平台，是资本市场与动漫游戏产业的首度联姻，是通过产权市场推动动漫游戏产业乃至整个文化产业快速发展的一次有益探索，开创了多个业界先河。

相比较传统领域的产权交易监管机构而言，产权交易中心内的可交易品种更为灵活多样，进入门槛更低，更加适合动漫游戏产权交易的需要。截至2009年7月15日，据不完全统计，通过中心实现的各类动漫游戏成交项目总额达10.887亿元人民币及2000万美元。在2012年7月份举行的第八届中国国际动漫游戏博览会上，各类项目的交易总额更是突破了14亿元！

在取得一定成就的同时，国家动漫游戏产业产权交易中心也面临不少挑战。比如，由于动漫游戏行业的特殊性，受到传统观念的束缚，一般的社会中介机构很难就此类项目出具符合客观实际的专业意见；目前国家尚无系统的专门的法律、法规规定动漫游戏行业的资产、项目转让应当遵循何种规则，接受哪个单位的监管等等。

入选"国家文化创新工程"项目后，国家动漫游戏产业产权交易中心将更加自觉地按文化创意产业发展规律，整合配置全国范围内各类与动漫产业发展相关联的资源，以规范、完善产业链为突破口，通过信息发布、产权转让、并购重组、产业链整合、产权评估等服务，进一步整合国内有关动画和漫画创意、制作、传播和发行等资源，逐步形成产业配套，强化产业功能。中心将有力推动我国动漫游戏产业的产权化、资本化。

上海数字文化家园：东方社区信息苑

东方社区信息苑是一个由上海市社区文化服务中心、上海市社区文化信息化综合服务工程联席会议办公室、上海东方数字社区发展有限公司共同承办的项目。它是在全国构建基层公共文化服务体系及数字化时代背景下立项并全力推进的一项民生工程，是直接建在社区、面向普通群众的新型互联网公共文化设施和服务平台，是上海市人民政府完善社区服务、促进社区建设的重要支撑。该项目获得了第二届文化部创新奖。

东方社区信息苑以个性化和丰富化相结合的服务平台，集成包括文化部全国文化信息资源共享工程、上海图书馆讲座、社区电子阅览室信息、上海东方宣传教育服务中心宣教资源，以及社区档案服务中心、社区青年中心、青年志愿者社区服务中心、市民（青少年）信息服务平台社区服务点、社区网络青年宫、社区校外数字课堂等全国众多社会团体资源。

东方社区信息苑突破传统手段，坚持技术创新。首先，东方社区信息苑拥有宽带内容专网平台，实现海量文化内容向社区服务终端推送。其次，拥有终端营业管理系统，支持门店终端管理的基本功能（包括用户认证、上机、下机、重启、关机、警告等），同时支持多种用户管理，并记录其身份信息与照片、上网行为等。再次，拥有运营信息管理系统，实现对所有运营网点的运营流程和运营数据进行统一管理。该系统可以实现门店终端计算机设备的配置信息采集与汇总，门店资产管理、报修管理与汇总分析，以及区域、门店人力资源管理及考勤管理等功能。最后，拥有信息苑网络安全管理平台，可对机房核心设备进行更新升级，对网络安全管理功能进行优化扩充，通过技术过滤确保为社区居民提供健康、安全、绿色的互联网内容服务。

入选国家文化创新工程项目后，东方社区信息苑将在项目建设及内容服务上实现"三个延伸"，为广大基层群众提供更好、更多、更新的文化信息服务。

一是向农村延伸，实现农村全覆盖。根据相关文件精神，根据公共文化服务均衡发展和普惠大众的原则，全力推进集全国文化信息资源共享工程基层点、国家数字电影放映工程点、公共上网服务、有线电视"村村通"于一体的东方农村信息苑建设。同时，在服务拓展上，进一步加强农村信息化网络操作技能培训力度，扫清农民上网技术障碍，真正使网络公共文化服务惠及农村、惠及农民。

二是向家庭延伸，实现服务进家庭。随着电脑上网条件的日益改善，一部分社区居民对互联网公共文化信息服务的居家消费依赖程度加强，对内容也有了进一步的期待。因此，东方社区信息苑宽带专网内容集成平台，以实名用户和公益原则为基础，向拥有信息苑公益卡的居民，提供进入家庭的专网文化信息服务，积极推进与东方网、东方有线网络在数字网络电视方面的资源整合，挖掘信息苑在社区的集成推送优势，探索向家庭推送网络视音频的公共文化服务，进一步丰富内容，放大和提升信息苑的互联网文化服务覆盖、辐射和能级。

三是向纵横延伸，实现资源互动共享。东方社区信息苑本身就是互联网文化服务资源整合互动、共建共享的成果，今后，将进一步增强和完善信息苑渠道和平台的可互动性和可扩展性，推进与东方网系统的网络资源互动共享；与上海其他宣传文化资源互动共享；与街道社区文化活动中心、社区图书馆、社区学校等场地资源互动共享；与教委、科委、体委以及各级政府部门等社会资源互动共享；与面向社区便民服务的互联网文化事业、企业、商业资源互动共享，尤其是不断推进与全国文化信息资源共享工程和长三角及包括中西部地区在内的全国其他地区的资源形成互动共享，使东方社区信息苑成为最有互动价值的共建共享的互联网公共文化信息的服务渠道、便民平台和精神家园。

区域文化联动项目

江苏省吴江市地处江苏的最南端，位于江苏、浙江、上海的交汇处，面积1176平方千米。近年来，随着经济社会的全面进步，外来人口的急剧增多，吴江市呈现出群众对公共文化服务产品的需求总量激增、对公共文化服务产品质量的要求也越来越高的趋势，这迫使城市必须加快公共文化服务体系建设，不断加大公共文化产品、公共文化服务的供给，并提高水平。江、浙、沪周边地区同属于吴语地区，同质同根的渊源却又产生出不同的流派，形成差异的风格，各地群众在观看其他两地的艺术作品时，既熟悉又陌生，交流互补极为有利。三地的联动恰好达到了优势互补、资源共享的目的，符合群众的艺术欣赏心理。正是在这样一个背景之下，吴江市提出了以广场文艺演出为主要载体，建立区域内文化交流、互动、共建、共创、共荣的机制和格局，以提升区域内公共文化服务的水平和能力，促进区域内文化的大发展大繁荣为目的的"区域文化联动"理念，并于2003年率先实施"区域文化联动"项目。

纳入国家文化创新工程后，"区域文化联动"项目在方法和手段上有所创新，在政府文化投入力不足的情况下，集聚政府职能部门的公共服务资源，丰富文化联动的内容和形式，扩大文化联动的范围，实现区域文化的共建、共创、共荣，大大降低和节约群众文化活动的运作成本。机制和体制也有所创新，项目的实施采用了市场运作、财政扶持等多元化方式，逐步将公共文化服务由单纯"喂养式"转变为"自给式"。

该项目的内容和目标是通过联合其他政府职能部门以及联合江、浙、沪周边区域同质文化资源，有效地对公共文化服务资源加以整合、利用，不断破解群众文化繁荣发展过程中出现的新问题，最大程度地提升群众文化的创造力、文艺节目的表现力；通过区域文化联动，打破在现有体制下因政府文化投入力不足产生的"瓶颈"，通过优势互补，降低公共文化服务成本，最大程度体现群众文化的市场化价值，提高公共文化服务的两个效益，维护和实现人民群众的基本文化权益；通过联动，创新载体、创设活动、创优作品，提升吴江乃至江、浙、沪区域公共文化服务水平和质量，完善公共文化服务体系，彰显吴地文化的独特品格，增强文化软实力和核心竞争力，为群众文化繁荣、提高探索一条可借鉴的途径。

目前，该项目已经取得了可喜的成果，联动范围正在逐步扩大。2010年，巩固并加强了以青浦、吴江、嘉善、湖州、南湖为核心的"区域文化联动核心圈"；2011年至2013年，联动范围扩展到了长江以南、钱塘江以北的"区域文化联动铁三角"。预计至2015年，联动区域将覆盖至整个江苏、浙江、上海，形成"区域文化联动一体化"，从同质文化的联动扩展至不同根源文化的交流，使江、浙、沪地区百花齐放。

创新工程相关新技术、新概念

文化创新工程涉及许多新技术、新概念，下面介绍两个新技术、新概念，帮助我们对上文介绍的文化创新工程项目加深了解。

无线射频识别技术

无线射频识别（RFID），指的是一种非接触式的自动识别技术，它通过射频信号自动识别目标对象并获取相关数据，识别工作无须人工干预，并且可以在各种恶劣环境下工作。无线射频识别技术可以识别高速运动物体，和同时识别多个标签，操作快捷方便。

实际上，RFID并不是一项新技术。它早在二战时期就出现了，最早是为了帮助空军飞行员们更快地分辨敌我而发明的。它的基本原理到现在都没有变化：一个标签通过天线发射一个经过编码的信号，然后一个读写器对其接收并进行判断。这个原理和现在超市以及物流系统中最常用的条形码相似，但是RFID的优点可比条形码多得多。RFID可以识别单个的非常具体的物体，而不是像条形码那样只能识别一类物体；RFID采用无线电射频，可以透过外部材料读取数据，而条形码必须靠激光来读取信息；RFID可以同时对多个物体进行识读，而条形码只能一个一个地读。此外，RFID标签储存的信息量也非常大，这是条形码无法比拟的。具有这样的优势，如果成本再低一些的话，RFID必然将会广泛应用在各个需要识别的领域。现在RFID标签的成本和条形码成本相比还是有些偏高，但是已经开始逐步代替条形码了——它能够省下很多的人力成本和时间成本。

一个典型的RFID系统包含三个部分：标签，天线以及读写器。标签里记录了固定的数据，并且通过天线向外发送，而读写器来接收它。根据标签是否可以被读写可分为：只读标签和可读写标签；根据信号频率不同，可以分为低频、高频、超高频和微波系统等；根据标签是否自带电源，则可以分为有源和无源两类。无源RFID标签本身不带电池，自然也不能发射信号，但是它往往是和一个线圈封装在一起的，在接近读写器时因为读写器本身的磁场，线圈中将会形成电流，从而激活标签发射出信号来。在物流领域，最常用的是微波频段的无源RFID系统。

其实，无线射频识别技术可以用在机场，保证了机场行李安全，同样也可以用在自助图书馆中，图书要全部加贴电子标签，电子标签拟采用国际先进的非接触式无线射频识别技术（RFID），实现图书的全程追踪，而这一切都依赖于一块长宽不超过1毫米的芯片。

图书上使用了这种小芯片，而图书借阅采用实名制，当借阅者进入图书馆时，拿借阅证往读卡机上一刷，机器就能马上知道借阅证的真假以及办证人和持证人是否是同一个人，而办证人的所有信息也都将显示出来。这些标签可以做得很小，但是识别距离却可以很长，甚至达到20米以上。它们是识别领域的明日之星。

何谓产权

产权的法律定义是：首先，产权是指财产所有权。财产所有权是指所有权人依法对自己的财产享有占有、使用、收益和处分的权力。其次，产权还指与财产所有权有关的财产权。

这种财产权是所有权部分权能与所有人发生分离的基础上产生的，是指非所有人在所有人财产上享有、占有、使用以及在一定程度上依法享有收益或处分的权利。

最初人们认为，如果地主拥有一块土地的产权，就意味着地主可以决定这块土地的用途，是用来种植玉米，或者用来放牧等等。地主对土地的使用肯定是排他性的，在未经允许下别人不能在它上面建筑楼房。但紧接着人们就发现，即使地主拥有这块土地，也仍然存在许多的约束条件和不明朗的地带，例如根据法令地主不能在他的土地上种植大麻，也不能在他的土地上训练自己的小型部队。此外，当航空公司的航线恰好穿越了他的土地上空时，地主是否有权禁止飞机飞越其土地，也是难以确定的。针对这个现实，可以把产权理解为必定附带约束条件的拥有：拥有土地但不能用来种大麻，拥有手枪但不能打劫银行，拥有汽车但不能违反交通规则，等等。

这样理解产权虽然行得通，但有一个缺陷，就是有些行为对某甲来说是被禁止的，但对某乙来说却可能恰恰是合法的。比如同一辆汽车，如果被值勤的警察紧急征用，那么它超速驾驶是合法的。任何一件简单的物品，一块土地，一个杯子，一张面孔，都可能和无数的潜在行为联系着，拥有这件物品的产权，远远不意味着拥有所有与这件物品有关的行为的选择权。所以，与其把产权看作是对物品的有条件的拥有，不如把产权看作一定范围内的与物品相关的行为选择权。这样一来，"约束条件"的概念对理解产权就不是必须的了。

按照这个定义，面对一块土地，严格来说，谁也不能完全拥有这块土地，地主仅仅拥有在"种菜、放牧、闲置"等可能行为中作选择的权利，而航空公司拥有在"飞越、吵闹、观察"等可能行为中作选择的权利，而政府拥有"拍摄、修防空洞"等可能行为中作选择的权利。产权，就是行为的选择权，如果这项行为恰好与某物品相连，就被粗略地说成是对物品的所有权。换句话说，如果一个人没有适当的行为权，那么即使他"拥有"某件物品，也是没有意义的。

致 谢

在本系列书编写过程中，为使内容权威、数据精准，我们参考和引用了大量文献资料，现特将参考文献列下：

1.金勇进主编：《数字中国60年》，人民出版社2009年版。

2.《新中国60年重大科技成就巡礼》编写组：《新中国60年重大科技成就巡礼》，人民出版社2009年版。

3.陈煜编：《中国生活记忆——建国60年民生往事》，中国轻工业出版社2009年版。

4.崔常发、谢适汀编：《纪念新中国成立60年学习纲要》，国家行政学院出版社2009年版。

5.王月清著：《伟大的复兴之路——新中国60周年知识问答》，南京大学出版社2009年版。

6.《青少年爱国主义教育读本》编委会：《新中国60年简明大事典——科技与教育》，中国时代经济出版社2009年版。

7.张希贤、凌海金编著：《中国走过60年》，中共中央党校出版社2009年版。

8.周叔莲：《中国工业改革30年的回顾与思考》，《中国流通经济》2008年第10期。

9.张文尝、王姣娥：《改革开放以来中国交通运输布局的重大变化》，《经济地理》2008年第9期。

10.国家统计局：《改革开放30年报告之十三：邮电通信业在不断拓展中快速发展》。

除此之外，本系列书还参考和引用了《中国科学技术发展报告》《中国农业统计资料汇编》《中国统计年鉴》，以及新华网、中国科技网和《光明日报》《科技日报》《北京日报》《人民邮电报》等网站和媒体的相关数据、资料和报道，在此特向以上媒体和网站表示感谢。